Carola Schuster-Brink

Mit Kindern den Winter erleben

Das Beschäftigungsbuch für Kinder
von vier bis acht Jahren
Die schönsten Spiel- und Bastelideen für
die kalte Jahreszeit

SÜDWEST

Inhalt

Schafe halten den Winter gut aus. Sie haben mit ihrem Pelz ja auch genau das richtige an.

Um so etwas zu bauen, braucht es etwas Zeit. Wie geschaffen für lange Winternachmittage.

Kälte, Schnee und Eis verzaubern die Natur. Was vertraut war, sieht auf einmal geheimnisvoll, in der blauen Kälte nahezu unheimlich aus.

Liebe Eltern,
liebe Erzieher,

Die Wörter »Winter« und »Wasser« haben höchstwahrscheinlich dieselbe Wurzel, nämlich das indogermanische Wort für »benetzen, befeuchten, fließen«. Demnach bedeutet »Winter« übersetzt: »feuchte Jahreszeit«. Bei den alten Germanen war der Winter besonders wichtig. Sie zählten Zeitspannen und Lebensjahre nach Wintern. Winter war also damals von der Bedeutung her das gleiche wie bei uns heute »Jahr«.

erinnern Sie sich noch, mit welchen Riesenerwartungen Sie als Kind den Winter begrüßt haben? Schon die erste Schneeflocke im November, wenn auf dem Kalender noch Herbst ist, löste Jubel aus.

Aber Winter ist nicht nur die Hoffnung auf Schnee, möglichst viel Schnee, sondern auch die Freude und Vorfreude auf Weihnachten.

Und ist Weihnachten endlich da, wird eine Woche später schon das Neujahrsfest gefeiert.

Auch Fasching gehört zum Winter. Keine andere Jahreszeit ist so ereignisreich, so festreich wie der Winter.

Zuhause ist es im Winter meist gemütlicher als draußen. Ausgenommen einmal die Tage, an denen eine dicke Schneedecke zum Rodeln, zu Spaziergängen und Schneeballschlachten einlädt.

Und trotzdem lohnt es sich, auch im Winter mit den Kindern ins Freie zu gehen, Lieblingsbäume, Lieblingsplätze, Lieblingsbäche wieder aufzusuchen.

Wie hat sich die Welt verändert! Sogar die ganz bekannten Eckchen und Fleckchen sind oft kaum wiederzuerkennen. Ist der Baum ohne Blätter wirklich noch der prächtige Baum vom Sommer?

In diesem Buch führen alle Seiten zum Winter:

● Der Besuch auf dem Wochenmarkt und die bunte Vielfalt der Kinderküche

● Die Naturseiten, auf denen die Kinder ganz genau sehen können, wie der Winter mit Schnee und Eis die Landschaft verändert und neu gestaltet.

● Die Bastelseiten, die Spaß und Abenteuer bringen, aber auch viele Geschenkideen für Eltern und Freunde.

● Die Lieder- und Gedichtseiten, die Verse und Rätsel und die spannende Geschichte zum Vorlesen und Nacherzählen.

● Die Spielseiten mit den lustigen Ideen für drinnen und draußen.

Lassen Sie Ihre Kinder den Winter erleben, wie er sich in der Natur zeigt: kalt und karg, ein bißchen müde und schläfrig. Und trotzdem wunderbar, denn in seinem scheinbaren Schlaf bereitet er den Frühling vor. Wer den Winter mit Kindern erlebt, läßt sich von ihrer Sicht der Dinge anstecken, schaut anders hin, erlebt und genießt anders. Und wartet am Ende sehnsüchtig mit ihnen auf den ersten Hauch des Frühlings.

Eislaufen auf einem zugefrorenen Weiher oder See macht viel mehr Spaß als im Eislaufstadion, wo alle immer in derselben Richtung laufen müssen.

5

Von Jahr und Zeit

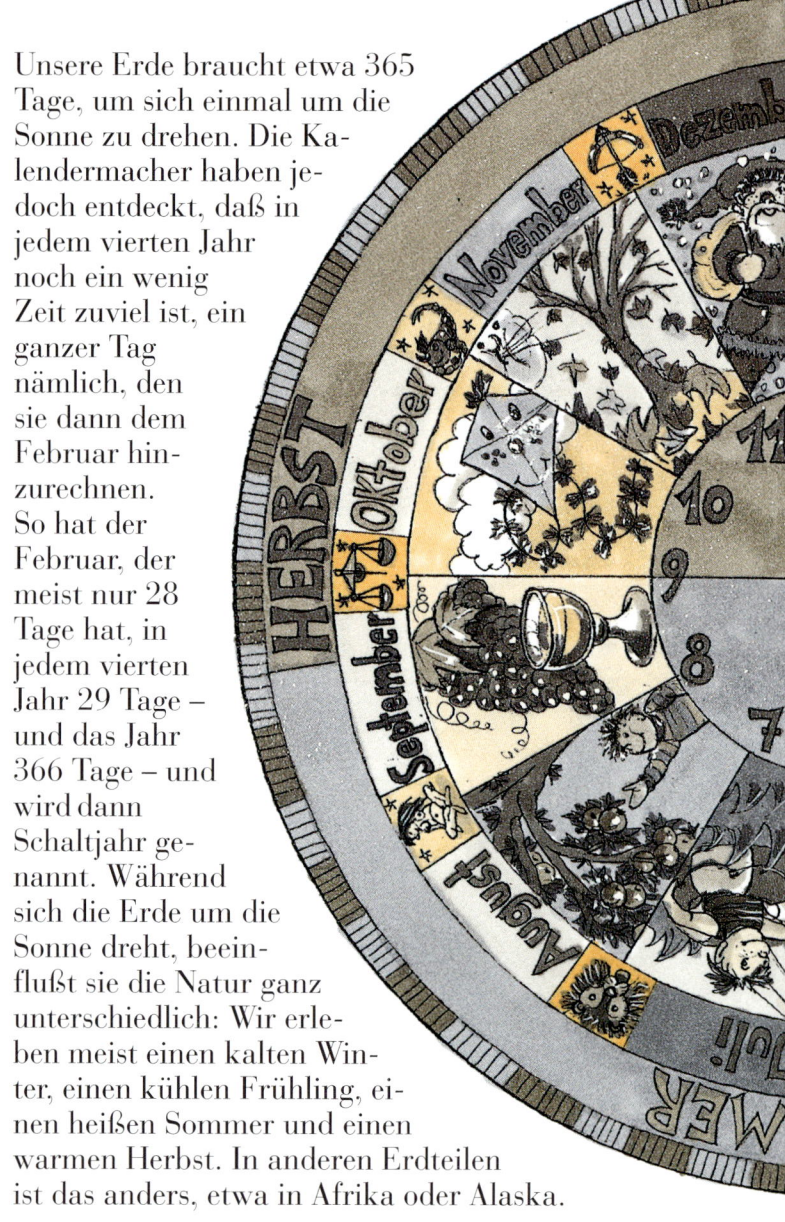

In den Wintermonaten hat man manchmal den Eindruck, es gäbe nahezu keinen Wechsel von Tag und Nacht oder zumindest zwischen Tag und Dämmerung. Der Tag beginnt grau, bleibt grau und geht dann bereits am frühen Nachmittag in die Abenddunkelheit über.

Unsere Erde braucht etwa 365 Tage, um sich einmal um die Sonne zu drehen. Die Kalendermacher haben jedoch entdeckt, daß in jedem vierten Jahr noch ein wenig Zeit zuviel ist, ein ganzer Tag nämlich, den sie dann dem Februar hinzurechnen. So hat der Februar, der meist nur 28 Tage hat, in jedem vierten Jahr 29 Tage – und das Jahr 366 Tage – und wird dann Schaltjahr genannt. Während sich die Erde um die Sonne dreht, beeinflußt sie die Natur ganz unterschiedlich: Wir erleben meist einen kalten Winter, einen kühlen Frühling, einen heißen Sommer und einen warmen Herbst. In anderen Erdteilen ist das anders, etwa in Afrika oder Alaska.

24 Stunden braucht die Erde, um sich einmal um sich selbst zu drehen. Der Wechsel von Hell und Dunkel bestimmt unseren Tageslauf: Morgen, Mittag, Abend und Nacht. In diesen 24 Stunden dreht sich der kleine Zeiger der Uhr zweimal um das Ziffernblatt, der große Zeiger dagegen 24mal. Sieben Tage hintereinander sind eine Woche, 52 Wochen ein Jahr. Ein Viertel davon gehört jeder Jahreszeit. Im März beginnt der Frühling, dann folgt im Juni der Sommer; der Herbst geht im September los, und zum Jahresende wird es wieder Winter. Der Jahreskreis hat sich wieder einmal geschlossen.

Die Menschen auf dem Land erleben den Jahreszyklus ganz besonders intensiv. Insbesondere dann, wenn sie Ackerbau betreiben. Ihr Lebensrhythmus wird von den Jahreszeiten bestimmt, von Wärme und Kälte, von Sonne und Regen und natürlich von Tag und Nacht.

Ein Baum im Wandel der Jahreszeiten

Die Kastanie im Winter

Es ist still geworden hier draußen, seit der erste Schnee fiel. Manchmal kommt ein Hase vorbei und sieht nach, ob noch ein Grashalm zu finden ist.

Die Vögel, die im Sommer in dem dichten Laubwerk der Kastanie gebrütet haben, sind in wärmere Gegenden gezogen oder ins nahe Dorf, wo die Futtersuche nicht ganz so mühsam ist.

Die Kastanie hält Winterschlaf. Alle Nährstoffe, die sie im Frühling zum Blühen und im Sommer für ihr Blattwerk und zum Ausreifen der Kastanien braucht, versteckt sie vor dem Winter in ihrem Stamm und den Wurzeln.

Im Winter hat die Kastanie Durst, zumal wenn der Boden gefroren ist. Da sie aber kein Wasser an ihre Blätter abgeben muß, weil die im Herbst schon abgefallen sind, übersteht sie den großen Durst ganz gelassen.

Warten auf den Frühling

Wenn der Winter noch nicht ganz zu Ende ist, regt sich das Leben wieder in den schwarzen Ästen. Erste Knospen zeigen sich. Sie sind braun und klebrig. Und nach den ersten wärmeren Tagen dauert es nicht mehr lange, bis der große Baum über und über mit Kerzen bedeckt ist. Sie sind zunächst weißlichgelb und kurze Zeit später leuchtend rot und bis zu 30 Zentimeter lang.

Wenn die Kastanie blüht, hat der Frühling den Winter endgültig besiegt.

Der Winter

Coelinblau ist ein künstliches Farbmittel. Der Farbton ist mit Kobaltblau verwandt, jedoch heller und auf der grünblauen Seite stehend. Coelinblau ist eine gut deckende Farbe, und für professionelle Maler sehr wichtig, weil gut lichtbeständig, d. h., die Farbe bleicht auch nach Jahren nicht aus.

Im Winter sind es weniger die Farben als vielmehr die Kontraste, die ins Auge stechen. Wo im Sommer das Grün der Wiesen das Landschaftsbild dominiert, sind es im Winter die weiten, weißen Flächen – vielleicht einmal unterbrochen von einem einfachen Balkenzaun entlang eines schmalen Weges, dessen nasses Holz dunkel gegen das Weiß absticht. Strahlend blaue, aber auch trübe Wintertage bekommen durch die lustigen weißen Häubchen auf Zäunen, Briefkästen und Fensterläden eine friedlich-heitere Stimmung, die sich auch auf den Betrachter überträgt. Wenn dann die Sonne hervorkommt, reicht das Auge an so einem schönen, klaren Wintertag bis an den Horizont. Wer auf einer Anhöhe steht, sieht oft 100 Kilometer und mehr in die Ferne. An besonders kalten Sonnentagen bilden sich auf der obersten Schneeschicht Kristalle. Sie glitzern und funkeln in feinen Regenbogenfarben, weil sich das Sonnenlicht in den Kristallformen bricht.

Ein ganz besonderes Licht

Im Gegensatz dazu steht der coelinblaue Himmel. In keiner anderen Jahreszeit ist er so klar, so blau, so kräftig. An alten Bauernhäusern, die noch nicht mit Isolierfenstern verglast sind, sind alle Fenster voller Eisblumen. Keine ist wie die andere. Jede hat ihre eigene Form und Struktur. Büsche und Bäume strecken ihre dunklen, bizarren, weitverzweigten Äste und Zweige in die Luft – ein großartiges Gewirr, in dem der Schnee das Licht effektvoll hervortreten läßt. Nach kalten Nächten verwandeln sie sich in einen Märchenwald. Dicker Rauhreif überzieht Äste, Zweige

und Stämme. Tiefer Schnee dämpft alle Geräusche. Es ist ruhig, gleichsam, als ob die Zeit stillstehen würde.

Den Winter malen

Den Winter zu malen bedeutet, in einer weiß-blauen Landschaft Akzente zu setzen. Dem einen mag es mehr liegen, die grafischen Elemente einer Landschaft auf Papier zu bannen, indem er verschiedene Baumformen anordnet und nur mit Kohle auf weißem Papier arbeitet, der andere greift gerne zu Pinsel und Farben, weil die Landschaft doch nicht so farblos ist, wie es auf den ersten Blick erscheint. Auf dem Bild rechts sind relativ wenig Farben zu sehen. Und doch strahlt es eine gewisse Farbigkeit aus, nach dem Motto: Weniger ist oft mehr.

Mit Pinsel und Wasserfarben

Mit Wasserfarben lassen sich wunderbare Akzente setzen. Dick aufgetragen werden sie, wenn man z. B. einen kräftigen Himmel bekommen, das Kind beim Schlittenfahren malen oder dem Schneemann eine dicke rote Nase verpassen will. Stark verdünnt werden die Farben dagegen beim Malen des Schnees oder der Berggipfel in der weiten Ferne. Wichtig ist ein großes Zeichenformat. Für den Anfang tut es ein handelsüblicher Schulmalblock. Hier kann man nach Herzenslust ausprobieren. Wer sein Bild aber verschenken möchte, sollte es einmal mit einem besseren, nämlich mit speziellem Aquarellpapier versuchen. Je nach Lust kann das Bild in einen Glaswechselrahmen gesetzt oder mit einem Holzwechselrahmen versehen werden.

Gute Pinsel erkennt man daran, daß sie viel flüssige Farbe aufnehmen können. Am besten, leider auch am teuersten, sind Rotmarderpinsel. Dafür halten sie auch am längsten.

Mit Wasserfarben lassen sich vielfältige Tonabstufungen im Bild erreichen, je nachdem, wie dick man die Farbe aufträgt.

So wird's gemacht

Zuerst geht es um die Motivwahl. Was möchte ich malen? Was kann ich weglassen? Was soll im Zentrum meines Bildes stehen? Es ist wichtig, daß man sich über die Formen und Farben ganz klar ist, daß Hinter- und Vordergrund gut durchdacht sind. Mit Bleistiftskizzen oder ganz zarten Pinselstrichen sollte die Grundkomposition festgehalten werden. Mit einfachen geometrischen Grundformen lassen sich die einzelnen Gegenstände malen, wie Schlittenfahrer, Berge, Bäume, Häuser oder der Schneemann. Am besten übt man zuerst die Formen auf einem Blatt Papier mit freier Hand. Auf unserem Bild sind überall die einfachen Formen zu finden. Beim Anmalen sollte darauf geachtet werden, daß die Gegenstände im Vordergrund kräftigere Farben haben als die im Hintergrund. So entsteht ein räumlicher Eindruck.

Rotmarderpinsel werden aus den Schweifhaaren des sibirischen oder chinesischen Marders gewonnen. Sie erfordern zwar ein wenig Pflege – Farbreste nicht eintrocknen lassen, den Pinsel nicht mit dem Haarkörper nach unten im Wasser stehen lassen –, halten jedoch lange, und man braucht sich nicht über ausgefallene Haare zu ärgern. Gute Rindshaarpinsel sind dennoch eine brauchbare Alternative.

Was gibt es auf dem Wochenmarkt?

Ein klassisches Wintergemüse ist der Grünkohl, der auch unter dem Namen »Braunkohl«, »Winterkohl« oder »Krauskohl« bekannt ist. Grünkohl wird geerntet, wenn der erste Frost die Blätter weichgemacht hat, in denen eine Fülle von Mineralstoffen, Vitaminen und Spurenelementen eingebettet ist.

Auf jedem Wochenmarkt gibt es Stände, die keinerlei Jahreszeiten zu kennen scheinen. Sie sehen in allen Jahreszeiten gleich aus.

Wer die Jahreszeit auf dem Wochenmarkt entdecken möchte, muß sich die kleinen Stände aussuchen, wo Bäuerin und Bauer, Tante, Oma und Kinder das verkaufen, was sie selbst angebaut haben.

Im Winter machen Lauch, Rüben und alle Kohlarten Karriere. Kartoffeln werden in vielen Sorten angeboten. Sie schmecken im Winter besonders gut. Feldsalat gibt es ganz frisch vom Acker. Da das Ernten im Winter ziemlich beschwerlich ist – oft liegt Schnee, es ist kalt und matschig, und die Pflanzen sind klein –, ist der Feldsalat ein wenig teurer als im Herbst. Seine Blätter schmecken

Kartoffeln schmecken im Winter besonders gut. Sie enthalten mehr Vitamine als allgemein angenommen wird.

nach Winter, sie sind hart und fest und sehr gesund. Sprossen und Keime werden angeboten, Küchenkräuter, Sellerie und Petersilienwurzel, oft auch getrocknete Bohnen, Erbsen, Pflaumen und Apfelringe. Viele einheimische Apfel- und Birnensorten, große, kleine, dicke, dünne, schiefe und krumme liegen auf den Tischen der Bauern. Solche Sorten findet man sonst nirgends mehr. Wenn es so richtig kalt ist, werden auf dem Wochenmarkt auch Fisch- und Fleischstände aufgebaut. Der Winterwochenmarkt riecht anders als zu anderen Jahreszeiten nach heißen Maroni, Rostbratwurst und kalter Luft, nach frischen Waffeln, Glühwein und Sauerkraut.

Auch im Winter braucht man auf Vitamine nicht zu verzichten. Im Gegenteil: Sie schützen vor Erkältungen. In diesem Gemüse, frisch vom Land, aus der chemisch unbehandelten Erde steckt alles drin, was man braucht, um gesund durch diese Jahreszeit zu kommen.

15

Kinderküche

Windrädchen auf Eisbergen

Ein bunter Snack für kalte Tage

Zutaten

- 1 Packung Blätterteig aus der Tiefkühltruhe
- 1 Kopf Eissalat
- 4 Äpfel
- 100 g Trockenobst und Nüsse, gehackt und gemischt
- 1 Becher saure Sahne und 3 EL Joghurt
- 1 TL Senf
- 1 TL Walnußöl
- Frische, gehackte Kräuter
- 8 Radieschen
- 8 Zahnstocher
- 8 Schaschlikstäbchen

Zubereitung

1 Die Blätterteigstücke halbieren. Aus den Quadraten Windrädchen legen und die Ecken mit Zahnstochern befestigen. Nach Vorschrift backen. Wer möchte, kann die Windrädchen vor dem Backen mit kleingehacktem Kochschinken füllen.

2 Eissalat unter fließendem Wasser waschen und abtropfen lassen.

3 Äpfel halbieren, Gehäuse entfernen, je eine Hälfte mit der Schnittseite auf einen Teller legen und ganz mit einem Salatblatt bedecken. Ein Schaschlikstäbchen durch den »Berg« stecken.

4 In einer Schüssel die kleingehackten Nüsse und grobgeschnittenen Trockenfrüchte mit dem Senf, der sauren Sahne, Joghurt und Öl vermischen. Gleichmäßig über die »Eisberge« verteilen. Kräuter über alles streuen.

5 Abgekühlte Windrädchen auf die Schaschlikstäbchen setzen. Radieschen oben auf die Spitze.

Bald essen!

Da muß es richtig kalt sein, damit ein derart großer See so fest zufrieren kann.

Vorsicht ist aber geboten, wenn die Eisdecke noch nicht genügend tragfähig ist. Bitte unbedingt die Warnungen vor Ort beachten.

Wenn es Winter wird

Der See hat eine Haut bekommen,
so daß man fast drauf gehen kann,
und kommt ein großer Fisch geschwommen,
so stößt er mit der Nase an.

Und nimmst du einen Kieselstein
und wirfst ihn drauf, so macht es klirr
und titscher – titscher – titscher – dirr ...
Heissa, du lustiger Kieselstein!
Er zwitschert wie ein Vögelein
und tut als wie ein Schwälblein fliegen –
doch endlich bleibt mein Kieselstein
ganz weit, ganz weit auf dem See draußen liegen.

Da kommen die Fische haufenweis
und schaun durch das klare Fenster von Eis
und denken, der Stein wär etwas zum Essen;
doch so sehr sie die Nase ans Eis auch pressen,
das Eis ist zu dick, das Eis ist zu alt,
sie machen sich nur die Nase kalt.

Aber bald, aber bald
werden wir selbst auf eignen Sohlen
hinausgehn können und den Stein wieder holen

CHRISTIAN MORGENSTERN

Schneemannslos

Den weißen Schneemann Fridolin
Verlockte ein Plakat,
Zum Faschingsfest davonzuziehn
In ein Hotel der Stadt.

Den weißen Schneemann Fridolin
Betrachtete man gern,
Und alle Welt begrüßte ihn
Wie einen richtigen Herrn.

Die Maske ist ganz meisterlich!
So hieß es rings im Kreis.
Man gab dem Schneemann öffentlich
Den ersten Maskenpreis.

Den weißen Schneemann Fridolin
Erstaunte der Applaus.
Er sagte: Wie ich heute bin,
So seh ich immer aus!

JAMES KRÜSS

Stolz steht er da, aber wenn es wärmer wird, heißt es Abschied nehmen.

Wir spielen draußen

Sie kennen bestimmt den Spruch: »Es gibt kein schlechtes Wetter, es gibt nur schlechte Kleidung.« Also kann die Parole für den Winter nur heißen: Raus aufs Land, dorthin wo sich der Winter am deutlichsten zeigt! Hier liegt noch Schnee, wenn in der Stadt schon längst keine Rede mehr davon ist. Hier bläst der Wind rauh und ungebremst, hier findet man Spuren von Hasen, Rehen und Eichhörnchen und Krähen im Schnee. Gehen Sie mit Ihren Kindern an die Lieblingsplätze, wo sie den Sommer oder den Herbst genossen haben.

Weiße Wunderwelt

Wie sehr hat der Winter alles verändert, kaum wieder zu erkennen sind die Wege, die Bäume und Sträucher. Man fragt sich, ob es der selbe Platz überhaupt noch ist. Kein Grün weit und breit. Kein Gelb, kein Rot, kein Ocker, kein Blau - nur Schwarz und Weiß und Grau. Die Sonne scheint blaß vom hohen Himmel, meist durch dicke Wolkenketten hindurch.
Ist das wirklich unser Lieblingsplatz, unser Lieblingsbaum, der lustige Bach vom letzten Sommer?

Wo sind die Insekten geblieben?

Im Sommer summen und surren sie durch die Luft, piesacken einen mit ihren Stichen, tummeln sich in Schwärmen im Abendlicht, aber wo sind all die Insekten im Winter? Als wechselwarme Tiere passen sie ihre Körpertemperatur der Umwelt an. Ist es draußen warm, so sind auch sie warm und beweglich. Ist es draußen kalt, werden die Tiere immer steifer, sie fallen in die Winterstarre.

Ist das wirklich das Sonnenplätzchen vom vergangenen Sommer, mit kitzelnden Grashalmen und dem ewigen Kampf gegen die Ameisen? War es wirklich so heiß, daß man sich ständig in dem Bächlein abkühlen mußte?
Und der kleine Hafen für das Rindenboot schläft auch unter der Schneedecke.

Winterbilder

Zerbrechlich, wie aus feinstem Glas stehen die entlaubten Bäume in der weißen Landschaft. Der Schnee hat auch dem kleinsten Ast einen feinen Schleier umgelegt. Feierlich stehen die Bäume in Reih und Glied wie zu einer Prozession. Alles Leben in ihnen scheint erloschen, doch das sieht nur so aus. Unter der schützenden Rinde beginnen sich die Säfte allmählich zu regen, als ob sie den Frühling schon ahnten.

Der kleine Waldsee ist zugefroren. Hier haben im Sommer die Frösche bis spät in die Nacht gequakt. Dürre Äste, von Schnee bedeckt, ragen ins gefrorene Wasser. Ein blasser Sonnenstrahl hat den Weg durch die vereisten Äste gefunden. Ob ihn der betagte Karpfen sieht, der gemächlich über den Seegrund gleitet? Er weiß daß der Frühling noch ein bißchen auf sich warten läßt.

Der Winter hat aus dürren Gräsern und trockenen Blütenständen bizarre Eis-Skulpturen geschaffen. Wenn für einen Augenblick die Sonne scheint, glaubt man in die Schmuck-schatuelle einer besonders feinen Dame zu schauen. Das glitzert und blinkt, daß es nur so eine Art hat. Doch die Pracht ist vergänglich. Wenn die Sonne ein bißchen mehr Kraft hat, läßt sie nur einen feuchten Fleck zurück.

Hier war einmal eine blühende Wiese, über der die Schmetterlinge in der Sonne tanzten. Jetzt ist alles anders. Der Winter hat die Sommerwiese unter einer gleichmäßig weißen Decke verborgen. Nur ein paar dürre Halme haben sich nicht unterkriegen lassen. Der eisige Winterwind, der über die kahle Ebene jagt, kann sie zwar beugen aber nicht zerbrechen.

Winterlied

Seit mehr als 200 Jahren singen die Kinder in Stadt und Land dieses wunderschöne Winterlied. Es bringt die Vorfreude auf die weiße Pracht zum Ausdruck, die für Kinder jeden Alters einen ganz besonderen Reiz hat. Wenn die Schneebälle durch die Luft fliegen und die flinken Schlitten zu Tal sausen, beginnt für viele die schönste Jahreszeit. Jeden Morgen schauen Sie erwartungsvoll aus dem Fenster, und eines Tages ist es dann endlich soweit. Über Nacht ist der erste Schnee gefallen!

Wenn man das Lied in der Gruppe singt, gehört ein Schneeflöckchentanz einfach dazu. Ein Kind verwandelt sich in eine Schneeflocke und tanzt deren zarte Bewegungen nach: das Schweben, das Drehen, die langsame Art zu Boden zu sinken, das Immer-kleiner-Werden. Besonders anmutig sieht es aus, wenn sich das Kind mit einem weißen Tüllschleier verkleiden kann.

1. Schnee-flöck-chen, Weiß-röck-chen, wann kommst du ge-schneit? Du wohnst in den Wol-ken, dein Weg ist so weit.

Schneeflöckchen, Weißröckchen

2. Komm, setz dich ans Fenster,
du lieblicher Stern,
malst Blumen und Blätter,
wir haben dich gern.

3. Schneeflöckchen, du deckst uns
die Blümlein zu,
dann schlafen sie sicher
in himmlischer Ruh.

4. Schneeflöckchen, Weißröckchen,
komm zu uns ins Tal,
dann baun wir den Schneemann
und werfen den Ball.

5. Schneeflöckchen, Weißröckchen,
du Wintervöglein,
willkommen, willkommen
bei groß und bei klein.

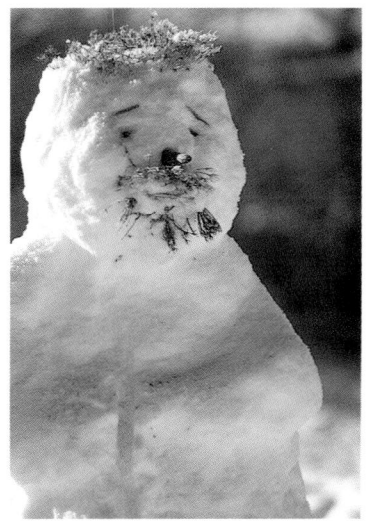

An diesem freundlichen Schneemann sind ganz besonders viele Schneeflocken beteiligt. Ein glückliches Schicksal.

Kartoffelmonster und Erdnußzwerge

Kartoffelmonster

Das Wort »Kartoffel« ist vom italienischen »tartufolo« entlehnt. »Tartufolo« oder »tartufo« bezeichnet eigentlich den eßbaren Trüffelpilz, der ebenso wie die Kartoffel unterirdisch und knollenartig heranwächst. Aufgrund einer Verwechslung kam dann die Kartoffel zu diesem Namen. Von den Spaniern, die die Pflanze nach Europa brachten, stammt der Name »batata« oder »patata«, aus dem sich das englische »potato« oder das schwedische »potatis« entwickelte.

1 Schrumpelige, ausgetriebene Kartoffeln aus dem Keller sind das tollste Material, um Kartoffelmonster zu machen. Oft geben die Triebe allein der Kartoffel ein monsterhaftes Aussehen.
Wie Krebse, Spinnen oder Krabbeltiere sehen sie aus. Mit etwas geschickter Nachhilfe erhält man ein richtiges Kartoffelmonster-Gruselkabinett.

2 Um geeignete Kartoffelmonster zu finden, muß man sich inspirieren lassen. Am besten nimmt man verschiedene ausgetriebene Kartoffeln in die Hand, dreht sie hin und her und versucht sie so hinzulegen, daß die Triebe wie Arme, Beine, Fühler, Schwänze, Tentakel, Stielaugen usw. aussehen. Der Phantasie sind keine Grenzen gesetzt.

3 Nun werden Akzente gesetzt. Mit Holzperlen, die durch Stecknadeln gesteckt werden, bekommen die Monster Augen. Sie können z. B. auf eine Triebspitze gepikt werden. Mit Farbe und Pinsel werden Mäuler und Nasen aufgemalt. Eine andere Möglichkeit ist, mit dem Messer ein Maul in die Kartoffel einzuschneiden und dann eine Zunge aus farbigem Papier einzukleben. Zähne mit weißer Farbe aufmalen. Mit bunten Stecknadeln können Rückenschuppen gesteckt werden. Wer will, kann dem Monster Papierflügel bauen.

4 Die fertigen Monster werden zum Schluß in eine Erdlandschaft gesetzt. Dafür gibt man in eine Kiste etwas Blumenerde und setzt seine Monster möglichst lebensecht hinein.

Erdnußzwerge

1 Aus Erdnüssen können kleine Zwerge gemacht werden. Im Gegensatz zu den Kartoffelmonstern sehen sie sehr viel lustiger, erdiger, ungefährlicher aus. Setzt man sie zu den Kartoffelmonstern in den Erdkasten, sieht es aus, als ob die kleinen Wichte gegen die gefährlichen Monster in den Kampf zögen.

2 Die zweigeteilte Erdnußform eignet sich besonders für das Basteln von lustigen Männchen. Die obere Rundung ergibt den Kopf. Ein Eichelhütchen wird der Helm. Haare können aus Wollfäden aufgeklebt werden.

3 Mit Pinsel und Farbe werden die Gesichter und Kleider gemalt. Ein Streichholz oder kleines Ästlein ergibt die Lanze. für die mutigen Ritter.

MATERIALIEN

Kartoffeln mit Trieben

Erdnüsse

Farbige Holzperlen

Stecknadeln mit farbigen

Köpfchen

Wolle

Eicheln, andere Naturmaterialien

Deckfarben

Kleber

Erde

WERKZEUGE

Messer

Pinsel

Die Monster und Zwerge kann man in eine Erdlandschaft setzen und so lustige Spielszenarien darstellen.

Einladung zur Kartoffelparty

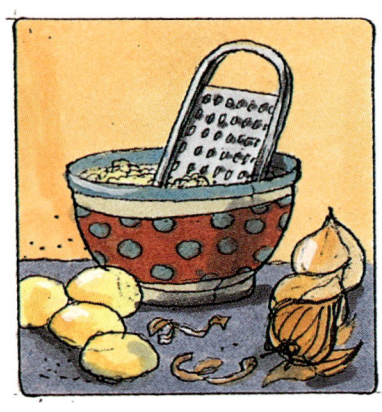

Wir backen Kartoffelwaffeln

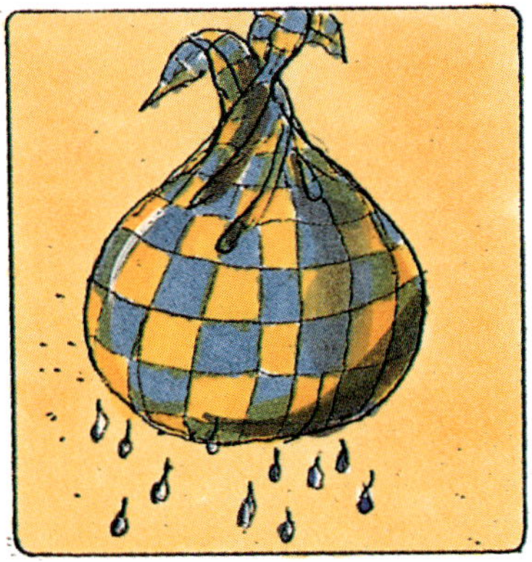

Zutaten

- 1 kg mehlige Kartoffeln
- 2 Zwiebeln
- 2 Eier
- 1 Eigelb
- 40 g Leinsamen
- Salz, weißer Peffer

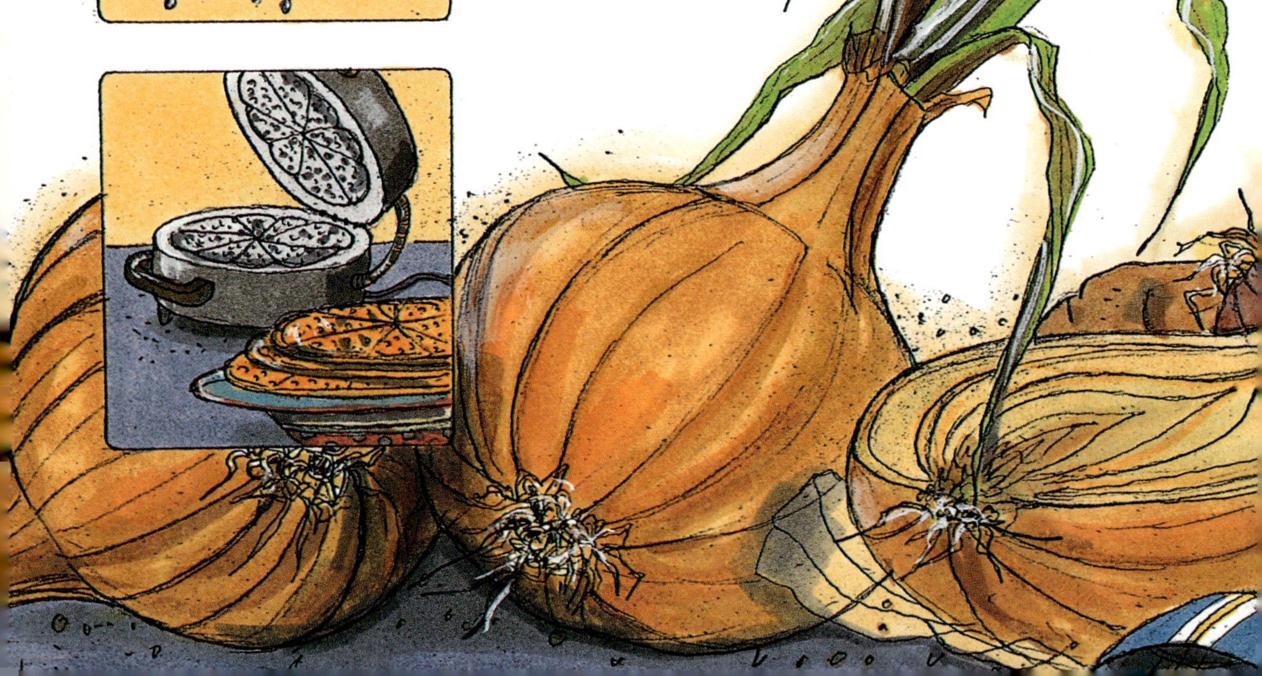

Zubereitung

1 Die Kartoffeln und Zwiebeln schälen, auf einer Raffel zerreiben oder in der Küchenmaschine zerkleinern.

2 Die Masse in einem Tuch etwas auspressen und mit den Eiern, dem Eigelb und den geschroteten Leinsamen in einer Schüssel sehr gut verrühren.

3 Mit etwas Salz und einer Prise frisch gemahlenen Pfeffers würzen, nochmals gut verrühren und zugedeckt für etwa ein bis zwei Stunden quellen lassen.

4 Ein Waffeleisen erhitzen, mit Öl einfetten und aus dem Teig knusprige Waffeln ausbacken.

5 Die frischen Waffeln noch warm zusammen mit einem Kräuterquark oder einem grünen Salat servieren.

Guten Appetit!

Neues von der Fensterbank

Wer jetzt ein bißchen Geduld hat, kann sich mitten im Winter einen Hauch von Frühling auf die Fensterbank zaubern. Man braucht dazu eine Hyazinthen- oder Weihnachtsnarzissenzwiebel und ein hohes Glas, auf dem die Zwiebel bequem sitzen kann, ohne hineinzufallen. Das Glas wird mit Wasser gefüllt und die Zwiebel so auf den Glasrand gesetzt, daß der Zwiebelboden knapp mit dem Wasser in Berührung kommt. Naß werden darf die Zwiebel nicht, weil sie sonst fault. Oben auf die Zwiebel setzt man ein Hütchen aus einem spitzen Tütenende, damit die Blätter nicht vorzeitig sprießen. Nun kommt das Glas mit Zwiebel und Hütchen für ein paar Tage in eine nicht zu warme und nicht zu helle Ecke, wo die Zwiebel rasch beginnt, Wurzeln zu bilden. Ab und zu das Wasser wechseln und darauf achten, daß der Zwiebelboden trocken bleibt. Sind die Wurzeln etwa zehn Zentimeter lang, bekommt das Hyazinthenglas seinen Platz auf der Fensterbank.

Ein Duft nach Frühling

Jetzt wird es spannend! Während die Wurzeln immer länger werden, beginnen unter dem Hütchen die Blätter zu treiben. Die Blätter der Hyazinthe sind so kräftig, daß sie das Hütchen mühelos hochheben können. Jetzt ist es Zeit, das Hütchen ganz wegzunehmen. Bald öffnen sich die Blätter und machen der Blüte Platz. Sie duftet sehr stark, und man bekommt einen Vorgeschmack vom Frühling. Nach dem Verblühen schneidet man die Blüte ab und trocknet die Zwiebel. Setzt man sie im Herbst in den Garten, blüht sie im nächsten Frühjahr erneut.

Großer Beliebtheit erfreut sich in den Wintermonaten der Weihnachtsstern mit kräftig roten, weißen oder lachsroten Blütenblättern. Ursprünglich stammt er aus Mexiko, wo er zwischen November und März blüht. Erst nach intensiven Züchtungen gewann der Weihnachtsstern seit Beginn des Jahrhunderts als dankbare Pflanze mit frischen Farben an Popularität.

30

Alte Meister sehen den Winter

Wer sein Zuhause mit diesem Bild verschönern möchte, kann eine Reproduktion davon beim Kunstkreis (Talstraße 6 in 70825 Korntal) unter der Nummer 10084-2 bestellen.

Alte Meister sehen den Winter

Ein winterlicher Nachmittag auf einer Anhöhe am Rande eines mittelalterlichen Dorfes. Von links stapfen drei Jäger mit ihren Hunden ins Bild. An der gebeugten Gestalt und dem schwerfälligen Gang erkennt man ihre Müdigkeit. Sie scheinen erfolgreich einen Fuchs gejagt zu haben, denn einer der Jäger trägt einen toten Balg an seiner Lanze über der Schulter. Die Männer laufen talwärts. Eine Reihe kahler Laubbäume durchzieht diagonal das Bild. Es ist bitterkalt. Schwarze Krähen sitzen auf den Bäumen. Die Dorfweiher unten im Tal sind zugefroren.

Freud und Leid der Dorfbewohner

Dick vermummt spielen sie Hockey, Eisschießen oder laufen Schlittschuh. Doch nicht alle vergnügen sich auf dem Eis. Neben den Jägern stehen zwei Männer, eine Frau und ein kleines Mädchen um ein Feuer vor einem Wirtshaus herum und machen sich daran zu schaffen. Sie scheinen damit beschäftigt zu sein, Getreide über den warmen Flammen zu rösten. Ebenso sieht man im rechten Vordergrund eine Frau mit einem schweren Reisigbündel auf dem Kopf über eine Brücke gehen. Ein Pferdefuhrwerk bewegt sich im rechten Bildmittelteil auf den Ortskern zu. Die winterliche Schneelandschaft ist stark gegliedert. Die dunklen Gestalten und die grafisch wirkenden Büsche und Bäume heben sich dunkel von der schneebedeckten Landschaft ab, die mit feinabgestimmten und -abgestuften weißen und silbergrauen Tönen dargestellt wird. Es ist auffallend, mit welcher Sorgfalt

Der Winter markiert eine Ruhepause vor allem für die Natur. Die Pflanzen können sich vom Wachsen, Blühen und Früchtetragen erholen. Auch den Menschen fällt es jetzt schwer, die Aufgaben des Alltags energiegeladen anzupacken.

die entlaubten Bäume in diesem Bild gestaltet wurden. Ein großartiges Gewirr blattloser Zweige, auf denen der Schnee Lichteffekte entstehen läßt, steht im Gegensatz zu dem diffusen und entfernten Schein der Landschaft. Von der rechten oberen Seite ragen schroffe Felswände schräg ins Bild hinein – wie scharfe Reißzähne. In diesem Bild geht es um den Winter. Die Menschen sind darin unterhaltsames Beiwerk. Die Natur erstarrt frostklirrend unter eisiggrünem Himmel.

Das Gemälde ist von Pieter Brueghel dem Älteren (ca. 1525–1569) und heißt »Heimkehr der Jäger im Winter«. Es wurde 1565 gemalt und gehört zu einer Reihe von sechs Bildern, die jeweils immer zwei Monate des Jahres darstellen. Das Januarbild gilt als das schönste Winterbild der europäischen Kunst. Keinem anderen Künstler ist es je gelungen, die Kälte und Stille des Winters so intensiv einzufangen.

In früheren Zeiten waren die Menschen den Naturgewalten, wie z. B. der winterlichen Kälte, oft gnadenlos ausgesetzt.

Weitaus fröhlichere Seiten hat der Winter heutzutage. Im Zeitalter von Gas und Elektrizität braucht man zu Hause nur die Heizung aufzudrehen, und schon ist es warm. Da bleibt viel Zeit zum Vergnügen auf dem Eis.

Die Vorlesegeschichte

Der Bär auf dem Försterball

PETER HACKS

Der Bär schwankte durch den Wald, es war übrigens Winter; e
ging zum Maskenfest. Er war von der besten Laune. Er hatte
schon ein paar Kübel Bärenschnaps getrunken; den mischt
man aus Honig, Wodka und vielen schwierigen Gewürzen. Des
Bären Maske war sehr komisch. Er trug einen grünen Rock, fa-
belhafte Stiefel und eine Flinte auf der Schulter; ihr merkt
schon, er ging als Förster.

Da kam ihm, quer über den knarrenden Schnee, einer entgegen:
auch im grünen Rock, auch mit fabelhaften Stiefeln und auch
die Flinte geschultert. Ihr merkt schon, das war der Förster.

Der Förster sagte mit einer tiefen Baßstimme: »Gute Nacht,
Herr Kollege, auch zum Försterball?«

»Brumm«, sagte der Bär, und sein Baß war so tief wi
die Schlucht am Weg, in die die Omnibusse fallen.

»Um Vergebung«, sagte der Förster erschrocken,
»ich wußte ja nicht, daß Sie der Oberförster sind.«

»Macht nichts«, sagte der Bär leutselig.
Er faßte den Förster unterm Arm, um sich
an ihm festzuhalten, und so
schwankten sie beide in
den Krug zum Zwölften Ende,
wo der Försterball stattfand.

Die Förster waren alle versammelt. Manche Förster hatten Geweihe, die sie vorzeigten, und manche Hörner, auf denen sie bliesen. Sie hatten alle lange Bärte und geschwungene Schnurrbärte, aber die meisten Haare im Gesicht hatte der Bär.

»Juhu!«, riefen die Förster und hieben den Bären kräftig auf den Rücken.

»Stimmung«, erwiderte der Bär und hieb die Förster auf den Rücken, und es war wie ein ganzer Steinschlag.

»Um Vergebung«, sagten die Förster erschrocken, »wir wußten ja nicht, daß Sie der Oberförster sind.«

»Weitermachen«, sagte der Bär. Und sie tanzten und tranken und lachten; sie sangen, sie hätten so viel Dorst im grünen Forst. Ich weiß nicht, ob ihr es schon erlebt habt, in welchen Zustand man gerät, wenn man so viel tanzt und trinkt, lacht und singt.

Die Förster gerieten in einen Tatendrang, und der Bär mit ihnen; der Bar sagte: »Wir wollen jetzt ausgehn, den Bären schießen.«

Da streiften sich die Förster ihre Pelzhandschuhe über und schnallten sich ihre Lederriemen fest um den Bauch; so strömten sie in die kalte Nacht.

Sie stapften durchs Gehölz. Sie schossen mit ihren Flinten in die Luft. Sie riefen »Hussa!« und »Hallihallo!« und »Halali«, wovon das eine soviel bedeutet wie das andere, nämlich gar nichts, aber so ist das Jägerleben.

Der Bär riß im Vorübergehen eine Handvoll trockener Hagebutten vom Strauch und fraß sie.

Die Förster riefen: »Seht den Oberförster, den Schelm!«, und fraßen auch Hagebutten und wollten sich ausschütten vor Spaß.

Nach einer Weile jedoch merkten sie, daß sie den Bären nicht fanden.

»Warum finden wir ihn nicht?« sagte der Bär, »er sitzt in seinem Loch, ihr Schafsköpfe.«

Er ging zum Bärenloch, die Förster hinterdrein. Er zog den Hausschlüssel aus dem Fell, schloß den Deckel auf und stieg hinunter, die Förster hinterdrein.

»Der Bär ist ausgegangen«, sagte der Bär schnüffelnd, »aber es kann noch nicht lange her sein, es riecht stark nach ihm.«

Dann torkelte er zurück in den Krug zum Zwölften Ende – und die Förster hinterdrein.
Sie tranken gewaltig nach der Anstrengung, aber die Menge, die der Bär trank, war wie ein Schmelzwasser, das die Brücken fortreißt.
»Um Vergebung«, sagten die Förster erschrocken. »Sie sind ein großartiger Oberförster.«
Der Bär sagte: »Der Bär steckt nicht im Walde, und der Bär steckt nicht in seinem Loch; es bleibt nur eins, er steckt unter uns und hat sich als Förster verkleidet.«
»Das muß es sein«, riefen die Förster, und sie blickten einander mißtrauisch und scheel an.
Es war aber ein ganz junger Förster dabei, der einen verhältnismäßig kleinen Bart hatte und nur wenige Geweihe und überhaupt der Schwächste und Schüchternste war von allen. So beschlossen sie, dieser sei der Bär.
Sie krochen mühsam auf die Bänke, stützten ihre Bärte auf die Tische und langten mit den Händen an der Wand empor.
»Was sucht ihr denn?« rief der junge Förster. »Unsere Flinten«, sagten sie, »sie hängen leider an den Haken.«
»Wozu die Flinten?« rief der junge Förster.
»Wir wollen dich

doch schießen«, antworteten sie, »du bist doch der Bär.«

»Ihr versteht überhaupt nichts von Bären«, sagte der Bär.

»Man muß untersuchen, ob er einen Schwanz hat und Krallen an den Tatzen«, sagte der Bär.

»Die hat er nicht«, sagten die Förster, »aber, potz Wetter! Sie selbst haben einen Schwanz und Krallen an den Tatzen, Herr Oberförster.«

Die Frau des Bären kam zur Tür herein und war zornig.

»Pfui Teufel«, rief sie, »in was für Gesellschaft du dich herumtreibst!«

Sie biß den Bären in den Nacken, damit er nüchterner würde, und ging mit ihm weg.

»Schade, daß du so früh kamst«, sagte der Bär im Walde zu ihr, »eben hatten wir ihn gefunden, den Bären. Na, macht nichts. Ein andermal ist auch ein Tag.«

Wenn der Bär nach Hause kommt

Wenn der Bär nach Hause kommt,
dann freun sich alle sehr,
denn meistens bringt er Honig mit
und manchmal auch noch mehr.

Wenn der Bär sich ausruhn will,
dann legt er sich aufs Ohr.
Die Bärin holt sein Lieblingsbuch
und liest ihm daraus vor.

Wenn der Bär Bekannte trifft,
dann grüßt er mit dem Hut.
Die Leute fragen: »Na, wie geht's?«
Und er sagt: »Danke, gut.«

Wenn der Bär erzählen soll,
erzählt er tolle Sachen.
Manchmal etwas Trauriges
und manchmal was zum Lachen.

Wenn der Bär zum Schwimmen geht,
dann geht die Bärin mit.
Wenn einer zu Besuch da ist,
dann gehen sie zu dritt.

Wenn der Bär verreisen will,
dann packt er seine Taschen:
frische Wäsche, Proviant
und allerlei zum Naschen.

Wenn er nichts zu fressen hat,
dann sucht der Bär sich Futter.
Und wenn er selbst nichts finden kann,
dann fragt er seine Mutter.

Manchmal ist der Bär allein,
dann kommt er mich besuchen.
Wir trinken ein Glas Gänsewein
und essen Marmorkuchen.

Wenn der Bär spazierengeht,
dann singt er Wanderlieder.
Schade ist, er kennt nur eins,
das singt er immer wieder.

Morgen wird das Wetter gut,
dann sitzt der Bär im Garten.
Er spielt mit Freunden »Fang den Hut«
und Domino und Karten.

FRANTZ WITTKAMP

Was wächst denn da?
Ein Kresseherz

Im Winter sind frische Kräuter ganz besonders wertvoll. Sie schmecken nicht nur gut, sondern stecken auch voller Vitamine.

Eine Tonschale, ein Blumenteller aus Keramik oder eine kleine Holzkiste sind ideale Behälter, um im Winter Kresse zu ziehen. Wer eine flache kleine Holzkiste nimmt, muß sie innen mit Folie auskleiden, damit die Erde nicht austrocknet.

Kressesamen gibt es in allen Samengeschäften. Ein Tütchen mit 20 Gramm Inhalt kostet nicht viel und reicht für mehrere Einsaaten aus. Das Saatgefäß bekommt als unterste Schicht gebröselte Holzkohle und darüber eine ordentliche Schicht Erde. Auf die Erde wird der Kressesamen gestreut und mit einer Schicht Erde bedeckt.

Vitamine im Winter

Das Saatgefäß an einen warmen, hellen Ort stellen und täglich gießen. Der Gießstrahl muß ganz sanft und sparsam sein, damit der Samen, der ganz schnell zu wurzeln beginnt, nicht gestört wird oder gar schwimmt. Schon nach wenigen Tagen ist die Kresse schnittreif. Wenn alles abgeerntet ist, wird die Erde zum Teil erneuert. Und dann kann man gleich wieder neu einsäen und sich auf die nächste Ernte freuen. Kresse kann auch als Salat gegessen werden und läßt sich dabei wunderbar mit Orangen- oder Mandarinenwürfeln, geraspelten Äpfeln oder Möhren, Tomaten und Radieschen kombinieren. Gewürzt wird mit Essig und Öl, Orangen- bzw. Zitronensaft oder mit Joghurt, weißem Pfeffer bzw. Ingwer.

Die Gartenkresse gehört zu den besonders schnellwüchsigen Pflanzen, bei denen sich nur die Keimblätter zeigen. Im Garten angebaut, wird sie beachtlich groß und liefert viel Grün.

Der Sternenhimmel

Großer Bär | Großer Hund | Orion

im Winter

Stier **Perseus**

Bilder am Nachthimmel

Die Sternbilder, die man in klaren Winternächten am Himmel beobachten kann, sind besonders eindrucksvoll. Dazu gehören u. a. Orion mit seinem Kopfstern, den beiden Schultersternen, der Reihe schrägstehender Gürtelsterne und den beiden Fußsternen. Näher zum Horizont liegt der Große Hund, dessen Hauptstern, der helle Sirius, sofort ins Auge fällt. Westlich oberhalb von Orion findet man den Stier mit dem rötlichen Aldebaran als Hauptstern. Der große Bär und Perseus gehören zu den Zirkumpolarsternen, die von Sonnenuntergang bis Tagesanbruch bis zur Morgendämmerung zu sehen sind. Diese Sternbilder finden sich alle in der Nähe des Nordpolarsterns, der genau senkrecht über dem Nordpunkt des Horizonts steht. Über Jahrhunderte hinweg diente dieser Stern den Seefahrern zur Orientierung auf ihrem Weg über die Ozeane.

Tiere im Winter
Schafe

In einigen Gegenden unseres Landes trifft man noch richtige Schafherden an. Sie haben 100 oder noch mehr Tiere. Mit ihnen gehen ein Schafhirte und mehrere Hunde. Diese umkreisen ständig die Herde und halten alle Tiere beisammen. Schafe sind sehr ängstlich und erschrecken leicht. Dann fliehen sie kopflos in alle Himmelsrichtungen und verlaufen sich. Deshalb braucht eine Schafherde die ständige Aufsicht von Mensch und Hund. Schafe können auch im Winter draußen weiden. Mit ihren kräftigen Hufen scharren Sie den Schnee beiseite und finden immer noch ein paar Halme, die ihnen schmecken. Abends suchen sie ihren Stall auf, wo sie dann dicht aneinandergedrängt die Nacht verbringen. Der Schäfer und seine treuen Hütehunde sind auch jetzt in ihrer Nähe.

Wärmende Wolle

Wenn es wärmer wird, werden die Schafe geschoren. Mit einem elektrischen Scherapparat wird das Haarkleid fast in einem Stück von Bauch, Rücken und Beinen gelöst. Das tut nicht weh. Die Schafe sind froh, ihren dicken Winterpelz loszuwerden.
Die Menschen freuen sich über die Wolle. Sie wird zuerst gereinigt, gezupft und dann versponnen. Textilien aus Schafwolle – am besten ungefärbt – sind sehr gesund und werden immer beliebter.
Schafskäse, der aus der Milch gewonnen wird, aßen früher nur die armen Bauern, die sich keine Kuh leisten konnten. Mittlerweile ist Schafskäse aber zu einer Delikatesse geworden und überall im Handel.

Neben der Hausziege gehört das Schaf zu den ältesten Haustieren. Ursprünglich kommt es aus Asien. Mit der Schafzucht deckten die Menschen früher nicht nur ihren Bedarf an Fleisch, sondern auch an Fett. Und bis heute ist die Verarbeitung der Wolle ein wichtiger Wirtschaftsfaktor.

Blumen im Winter

Eisblumen am Fenster:
Ihr wißt, nur Lenz und Sonne geben
Den andern Blumen sonst das Leben;
Uns hat in kalter Winternacht
Der grimm'ge Frost zur Welt gebracht.
Die Erde hat uns nicht gehegt,
Kein Gärtner freundlich uns gepflegt.
Wir können kurze Zeit nur prangen,
Denn wenn uns Licht und Wärme droht,
Ist unsre Herrlichkeit vergangen –
Wir alle weinen uns zu Tod.
Und darf uns deine Hand auch pflücken:
Wir sterben, wenn uns Hände drücken.

AUS ALTEN KINDERBÜCHERN

Wenn es draußen sehr kalt ist, zaubert der Frost Eisblumen in vielen Formen ans Fenster. Wenn man sie anhaucht, ist die Pracht bald verschwunden.

Winter

Vom Norden der Winter kam heut in der Nacht.
Was hat er der Stadt alles mitgebracht?
Dem Mann auf dem Denkmal einen schneeweißen Hut,
der Turmuhr eine Mütze, die steht ihr sehr gut,
der Tann' im Park einen Pelz aus Hermelin,
der Fensterscheibe Blumen, die trotz Eis und Kälte blühn,
den Dachrinnen Bärte und der Pumpe einen Zopf,
den Kindern rote Nasen und 'nen Schneeball an den Kopf.

ILSE KLEEBERGER

48

Gemüse im Winter
Rosenkohl

Seine Familie heißt Blattkohl und kennt viele Arten rund um den Erdball. Die bekanntesten Blattkohlsorten bei uns sind Rotkohl, Weißkohl, Grünkohl, Kohlrabi und Rosenkohl. Auch Blumenkohl und Brokkoli gehören zur Kohlverwandtschaft.

Der Rosenkohl ist äußerlich betrachtet eine Miniatur des Rot- oder Weißkohlkopfes, nur halt viel, viel kleiner und grün. Rosenkohlköpfchen wachsen an einem sehr festen, hohen Stamm, der manchmal mit einem Stock gestützt wird.

Ernte von Oktober bis März

Ein richtiger Ökobauer hält einen Vierjahresturnus beim Anbau von Rosenkohl ein. Sobald der Rosenkohl abgeerntet ist, pflanzt er dort Zwiebeln, Tomaten, Salat, Radieschen und Gurken. Im Jahr darauf stehen an derselben Stelle Karotten, Sellerie und rote Bete. Danach pflanzt er Kartoffeln an dieser Stelle – und im Jahr darauf Erbsen und Bohnen. Erst dann sind der Rosenkohl oder andere Kohlsorten aus der Verwandtschaft wieder an der Reihe. Frühe Rosenkohlsorten werden ab Oktober geerntet, später bis Anfang März. Ihnen macht der Schnee nichts aus. Sie verlieren dadurch sogar ihre Bitterstoffe und werden noch schmackhafter.

Kinder mögen Rosenkohlköpfchen am liebsten, wenn diese in einer sämigen Kartoffelsuppe mit Cocktailwürstchen Unterschlupf gefunden haben. Wenn obendrauf noch geröstete Weißbrotwürfel schwimmen, kann dies zum Winter-Lieblingsessen werden.

Mein kleiner Wintergarten

Für den Sommergarten:
Wer im Sommer Kübelpflanzen
wie den Oleander im Garten
stehen hat, muß sie Ende Oktober
oder spätestens nach dem ersten
Frost – Oleander verträgt etwas
Frost – ins Haus nehmen. Kühl und
nicht zu hell sollte der Standort
sein. Im Laufe des Winters einige
Male gießen und gut durchlüften.

Draußen ist der Boden gefroren, es schneit, regnet oder nieselt. Jetzt ist die Zeit, sich selbst einen wetterunabhängigen Garten zu bauen und am Valentinstag an jemanden zu verschenken, den man ganz, ganz liebhat.

Man braucht zuerst einmal Knöpfe in allen Farben und allen Formen. Dann etwas dünnen Draht, um die Knöpfe aufzufädeln und Filzrestchen, die als Blättchen zugeschnitten werden. Winzig kleine Blumentöpfe gibt es im Samengeschäft oder Pflanzenmarkt. Sie kosten nicht viel. In die Töpfe kommt Steckmasse für Trockenblumen oder ein Stück von einem alten Putzschwamm. Man kann auch Gips nehmen, muß dann aber die Blumen vor dem Hartwerden schon eingesteckt haben.

Knöpfe in kleinen Töpfen

Knöpfe durch den Draht stecken, wie eine Haarnadel umbücken und in den Topf stecken. Man kann die Knöpfe auch wie einen Ring einfädeln und die Enden ins Töpfchen stecken. Die Blättchen rundherumkleben. Fertig. Der Garten ist eine flache Schachtel, die mit Schaschlikstäbchen, Holzspachteln oder Verpackungsresten eingezäunt wird. Der Zaun wird außen um den Garten geklebt und mit Blättchen verziert. Der Gartenboden kann aus einer gerupften Serviette bestehen, aus Stoff, Filz oder selbstgeschnittenem Ostergras. Knöpfe als Blüten verstreuen, ebenso einige Blättchen. Blumentöpfe mit doppelseitigem Klebeband befestigen, damit sie nicht umfallen, falls sich der Winterwind ins Zimmer verirrt.

Ohne Gießen und Düngen blühen
diese Blumen auch im Dezember in
den herrlichsten Farben.

Ein Lied aus alter Zeit

Weißt du, wieviel Sternlein stehen

1. Weißt du wie-viel Stern-lein ste - hen an dem
Weißt du wie-viel Wol-ken ge - hen weit-hin

blau - en Him-mels-zelt? Gott, der
ü - ber al - le Welt?

Herr, hat sie ge - zäh - let, daß ihm

auch nicht ei - nes feh - let an der

gan - zen gros-sen Zahl, an der

gan - zen gros - sen Zahl.

2. Weißt du wieviel Mücklein spielen
in der heißen Sonnenglut?
Wieviel Fischlein auch sich kühlen
in der hellen Wasserflut?
Gott, der Herr, rief sie mit Namen,
daß sie all ins Leben kamen,
daß sie nun so fröhlich sind.

3. Weißt du wieviel Kinder frühe
stehn aus ihren Bettlein auf?
Daß sie ohne Sorg und Mühe
fröhlich sind im Tageslauf?
Gott im Himmel hat an allen
seine Lust, sein Wohlgefallen,
kennt auch dich und hat dich lieb.

Text: WILHELM HEY
Melodie: seit 1823 bekannt

Bastelspaß

Im Tal der wilden Pferde

Für diese Bastelei werden verschiedene Materialien verwendet, die man entweder aus Resten gewinnen kann oder in der Natur findet.

Hier trifft man die schönsten Pferde weit und breit! Sie haben sich nach wilder Jagd in dieser Schlucht versammelt, um unter der Schneedecke des Talbodens ein Hälmchen zu finden. Hoffentlich haben Sie Glück, denn der Schnee liegt sehr hoch in diesem Jahr und die Luft flimmert vor Kälte.
Wer auch solch eine bunte Herde haben möchte, braucht dazu:

● Nicht zu steifen Karton in den Farben seiner Wahl

● Einen Bogen schwarzen Karton für die Mähnen und Schwänze

● Klebstoff und Schere.

Die Pferde haben sich im Tal versammelt.

In diesem Tal gibt es das frischeste und klarste Wasser weit und breit. Alle Pferde sind hierher gekommen, um ihren Durst zu löschen. Dann geht es wieder weiter dem Wind entgegen mit geblähten Nüstern und wehenden Mähnen.

Und so wird's gemacht

1 Erst einmal ein Muster vom Buch abnehmen für die Pferdeteile 1, 2 und 3 und ein Probepferd herstellen. Ist das die gewünschte Größe? Größer bekommt man das Pferdemuster, wenn man alle Teile – auch A und B – auf einen Zettel klebt und mit dem Kopierer vergrößert oder ganz einfach von Hand alle Teile größer zeichnet.

2 Teil 2 ist der Bauch. Er wird gerollt und zugeklebt.

3 Teil 1 wird zur Hälfte gefaltet und rechts und links an die Rolle geklebt. Vorher noch rechts und links, ab dem Ohr, die Mähnen innen ankleben.

4 An die runde Stelle von Teil 3 den Schwanz kleben, dann ebenfalls an der Rolle festkleben.
Jetzt steht das Pferd auf vier Beinen fest. Klappt das nicht so

ganz, kann man mit der Schere an den Füßen sachte nachhelfen, damit das Pferd auf allen vieren sicher steht.

Viele Pferde in unterschiedlichen Größen und Farben bieten ein sehr imposantes Schauspiel. Wer lieber eine richtige Ranch möchte, baut aus einem Schuhkarton einen Stall und umzäunt eine »Grünfläche« mit einem selbstgebastelten Zaun, damit die Pferde schön brav auf dem »Grundstück« bleiben, so wie es das Foto auf den vorangegangenen Seiten zeigt.

So entsteht ein ganzes Panorama, das Eltern und Freunde mit Bewunderung betrachten werden.

Viel Spaß beim Basteln!

Das Fohlen

Es sind noch nicht ganz seine
Glieder. Eher ist es
umgekehrt:
Das zerbrechliche Quartett
der Beine
hat ein winzig kleines Pferd.

Mit fest aufgestemmten Hufen
kann man eine Weile stehn:
Zusehn, wie die Wolken gehn,
nach des Windes Wehn und Rufen
lauschend seine Ohren drehn.

Einmal werdet ihr es sehen:
pfeilschnell, in gestrecktem Lauf
hügelab und hügelauf,
leichten Hufes wie beim Tanze.
Heute übt es noch das Gehen.
Denn das Schwere ist Balance.

CHRISTINE KOLLER

Wir spielen drinnen
Wortkarten-Spiele

Hier können schon die Kleinen mitspielen, denn es gibt weder Sieger noch Verlierer. Alles, was man braucht, sind hübsche Motive, die man in Katalogen, Illustrierten und Reklamebroschüren findet. Oft sind auch Postkarten brauchbar. Was den Kindern gefällt, wird herausgeschnitten und auf kleine Karteikarten oder halbierte Briefkarten geklebt. Wer will, kann die Spielkarten mit Klarsichtfolie überziehen, damit sie sich nicht so schnell abnutzen. Im Vordergrund dieses Spieles steht das Abc, ohne daß es den Mitspielern zunächst so recht bewußt wird. Und das ist gut so, denn den meisten Kindern sind Lernspiele höchst verdächtig.

Sehen Sie also zu, daß Sie zu jedem Buchstaben ein erkennbares Motiv finden. Es muß so eindeutig sein, daß keine Verwechselungsgefahr besteht. Für größere Kinder darf es auch zu jedem Buchstaben mehrere Motive geben, dann wird das Spiel noch interessanter. Vor allem die Vokale sollten mehrfach besetzt sein.

Geschichten um Begriffe

Beispiele für Motive, die leicht zu finden sind, alphabetisch geordnet:

Affe, Bär, Christbaum, Dackel, Indianer, Jacke, Katze, Löffel, Messer, Nähmaschine, Oma, Paket, Quirl, Quark oder Quelle, Radieschen, Sessel, Tomate, Uhr, Vase, Wolle, Xylophon, Zange oder Zaun. Der Buchstabe Y ist eigentlich nur mit dem Wort »Yacht« darzustellen. Wenn man keine Yacht findet, kann man ihn groß aufmalen.

Und dann wird gespielt. Alle Kinder schauen sich alle

Unter einem Alphabet versteht man ganz allgemein eine festgelegte Reihenfolge der Schriftzeichen einer Sprache. Das erste Alphabet gab es wahrscheinlich vor etwa 4000 Jahren. Dann kam es nach Griechenland, wurde verbessert und diente als Grundlage für alle europäischen Alphabete.

Spielend lernen – das ist die Idee, die hinter diesem lustigen Spiel steht, das für Kinder von vier bis acht Jahren geeignet ist.

Lesen und schreiben zu können, das bedeutet, sich die Welt unabhängig von den Erwachsenen erschließen und erklären zu können.

Karten genau an. Der Begriff wird genannt und ist ab jetzt unumstößlich für die jeweilige Karte. Jetzt bekommt jedes Kind der Reihe nach Karte um Karte, bis alle Karten verteilt sind.

Der Spielverlauf

Der Spielleiter erzählt eine Geschichte, die Raum läßt für alle auf den Karten abgebildeten Begriffe.
Das kann so ablaufen:
Peter sitzt am Mittagstisch und ist sehr gespannt, was es heute zu essen gibt. Da kommt auch schon die Oma mit dem Gemüse. »Und was gibt es zum Nachtisch?« »Quark«, sagt die Oma usw.
Wenn ein Begriff aus den Karten auftaucht, macht der Spielleiter eine deutliche Pause beim Erzählen, und die Kinder schauen ihre Karten durch, ob sie das erwähnte Motiv haben. Die richtige Karte wird auf den Tisch gelegt, bis die Geschichte zu Ende ist und alle Karten auf dem Tisch liegen.

Varianten

Ein anderes Mal dürfen die Kinder selbst eine Geschichte erfinden – und zwar reihum. Sie müssen dabei möglichst viele ihrer Karten unterbringen, aber nicht mehr als zwei auf einmal, damit es nicht langweilig wird.
Nach der zweiten Karte ist das nächste Kind dran. Es muß versuchen, die Geschichte so weiterzuspinnen, daß es möglichst eine oder zwei Karten los wird. Es kann ruhig eine Quatschgeschichte sein, denn wirklich wichtig ist nur, daß sich die Kinder ans freie Reden gewöhnen und in der Lage sind, einen Impuls, sprich das Motiv ihrer Karte, dabei mit einbeziehen zu können. Es ist erstaunlich, wie erfindungsreich Kinder bei diesem Spiel sein können.

Wird das Spiel mit Kindern im Vorschulalter gespielt, sollte man darauf achten, daß der Lernaspekt auf keinen Fall überbetont wird. Die Kinder dürfen bestimmen, wie lange das Spiel dauert und nach welchen Regeln gespielt wird. Zu Recht werden Kinder bei jeglichem erzieherischen Anspruch argwöhnisch, denn noch leben sie in einer Zeit, in der ungezwungenes Spielen und der Spaß daran wichtiger als alles andere sind.

Wortketten

Spielen Kinder mit, die schon lesen und schreiben können, können sie Wortketten bilden. Ein Kind legt eine
Karte auf den Tisch, und das nächste muß ein entsprechendes Doppelwort bilden: *Quark-Tasche*, *Ur-Oma*,
Gemüse-Schüssel usw. Hat es ein Doppelwort gebildet,
legt es selbst eine Karte aus, das nächste Kind ist dran.
Ganz pfiffig wird das Spiel, wenn sich der Spielleiter ein
Wort ausdenkt, dessen Buchstaben im Spielkartenangebot nicht vorhanden sind, wie z. B. *Abendbrot*, und dazu
ein paar Hilfen gibt: »Mein Wort hat acht Buchstaben
und fängt mit A an.« Das Kind mit der Affen-Karte oder
einer anderen A-Karte legt seine Karte aus. Wer einen
weiteren Buchstaben ahnt, legt seine Karte in die Reihe.
Der Spielleiter sagt, ob die Karte richtig oder falsch ist.
Wer den letzten Buchstaben zu dem Wort legt, darf ein
neues Wort ausgeben. Für dieses Spiel sollten alle Vokale
und die häufigsten Konsonanten mehrfach vorhanden
sein.

Karten abheben

Man kann auch alle Karten in einem Stoß (gut gemischt)
verkehrt herum auf den Tisch legen. Das erste Kind
nimmt eine Karte ab und legt sie offen hin. Dieses Wort
muß gebildet werden. Das nächste Kind nimmt eine
Karte ab und schaut, ob der Anfangsbuchstabe in das
gesuchte Wort paßt. Paßt er, legt es die Karte heraus,
wenn nicht, Pech gehabt. Dann geht es reihum weiter,
bis alle Buchstaben des gesuchten Wortes in der richtigen
Reihenfolge auf dem Tisch liegen. Danach geht das Spiel
von vorne wieder los, das nächste Kind ist dran.
Viel Spaß mit dem Wortkarten-Spiel! Übrigens: Ganz
viele Regeln kann man beim Spielen noch selbst hinzuerfinden.

Wenn die Mitspieler schon lesen und schreiben können, bietet sich auch das »Buchstaben-auf-der-Leine-Spiel« an. Dazu werden viele Buchstaben aus Zeitschriften ausgeschnitten und auf einmal gefaltete Papierzettel geklebt. Jedes Kind zieht mit geschlossenen Augen fünf Buchstaben, und eines fängt an, seine Buchstaben an einer Leine zu einem Wort zusammenzuhängen. Reihum wird das Wort ergänzt oder ein neues aufgehängt.

Wörter, Worte, Wortgeschichten

Des Abends,
wenn ich früh aufsteh',
des Morgens,
wenn ich zu Bette geh',
dann krähen die Hühner,
dann gackert der Hahn,
dann fängt das Korn
zu dreschen an.
Die Magd, die steckt den Ofen
ins Feuer.
Die Frau, die schlägt drei Suppen
in die Eier.
Der Knecht, der kehrt mit der Stube
den Besen.
Da sitzen die Erbsen, die Kinder
zu lesen.
Oh' weh, wie sind mir
die Stiefel geschwollen!
Daß sie nicht in die Beine
'nein wollen!
Nimm drei Pfund Stiefel und
schmiere das Fett,
dann stelle mir vor die Stiefel
das Bett.

Es fraß ein Huhn,
man glaubt es kaum,
die Blätter ab vom
Gummibaum.
Dann ging es in den
Hühnerstall
und legte einen
Gummiball.

Eins, zwei, drei,
alt ist nicht neu,
neu ist nicht alt,
kalt ist nicht warm,
reich ist nicht arm,
arm ist nicht reich,
hart ist nicht weich,
frisch ist nicht faul,
Ochs ist kein Gaul,
sauer ist nicht süß,
Händ' sind keine Füß',
Füß' sind keine Händ',
's Lied hat kein End'.

Es war einmal ein Mann,
der hatte eine Kann'.
Die Kanne war zu schwer,
da nahm er eine Scher'.
Die Schere war zu stumpf,
da ging er in den Sumpf.
Der Sumpf war ihm zu naß,
da ging er auf die Gass'.
Die Gass' war ihm zu laut,
da aß er lieber Kraut.
Das Kraut war ihm zu sauer,
da ging er an die Mauer.
Die Mauer war zu alt,
da ging er in den Wald.
Der Wald war ihm zu groß,
da setzt' er sich aufs Moos.
Das Moos war ihm zu weich,
da wurde er ganz bleich.
Er rief nach einem Mann,
der hatte eine Kann' ...

Wir geben einen Ball,
Sprach die Nachtigall.
Wo?
Sprach der Floh.
Was werden wir essen?
Sprachen die Wespen.
Jeder 'ne Nudel!
Sprachen die Pudel.
Was werden wir trinken?
Sprachen die Finken.
Bier!
Sprach der Stier.
Nein, Wein!
Sprach das Schwein.
Wo werden wir tanzen?
Sprachen die Wanzen.
Im Haus!
                    Sprach die Maus.

Tolle Schätze in der Schatzburg

Was ein rechter Sammler ist, dem ist kein Ding zu klein oder zu groß, zu leicht oder zu schwer, zu eckig oder zu rund, zu lang oder zu kurz, zu dünn oder zu dick. Und vor allem kennt er die Frage nicht: Wozu ist das gut und nützlich?

Ein richtiger Sammler ist zugleich auch immer ein Schatzgräber. Und darum braucht er eine eigene Schatzburg für seine phantastischen Funde.

Kein Spaziergang, kein Urlaub von dem nicht etwas mit nach Hause gebracht wird. Geheimnisvoll bunte Glasstücke, edel geschwungene Federn oder alte Postkarten mit verblichener Schrift können überall verborgen liegen. All diese Schätze werden dann in dieser tollen Schatzburg wunderbar aufbewahrt.

Und so wird's gemacht

1 Zuerst muß eine Schachtel her, die einen ordentlichen Deckel hat. Schachtel- und Deckelränder sollten fast gleich lang sein. Schuhkartongröße ist das mindeste, besser ist eine noch größere Schachtel. Aber es kommt natürlich auch auf Anzahl und Größe der Schätze an!

2 Deckel hochkant stellen und oben und unten einen Schnitt in den Deckelrand machen, wie es die Zeichnung zeigt. Von Schnitt zu Schnitt den Deckelrücken leicht knicken. Jetzt ist ein Burgteil schon mal dreieckig.

3 Schnittkanten etwas verkleben. Damit die Dreiecksform so bleibt, oben und unten eine runde Pappscheibe auf die Schnittstellen kleben – das macht die Burg besonders standhaft.

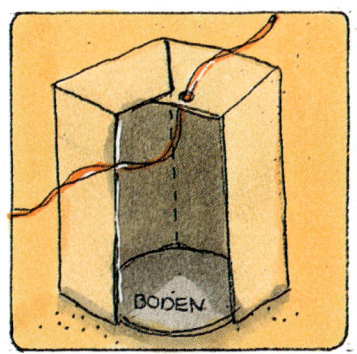

4 Jetzt werden Fenster und Luken ausgeschnitten, aber wieder mit bunten Papieren beklebt, damit nicht jeder ungebeten reinschauen kann. Obendrauf nochmals eine Schachtel setzen, auch wieder mit Fenstern und Luken. Und ganz obendrauf ein richtiges Dach. Die Flagge nicht vergessen!

5 Jetzt ist der hintere und eigentlich wichtige Burgteil dran, der Schatztresor. Auch er wird, wie der vordere Teil, zunächst auf Dreiecksform gebracht. Darauf achten, daß er sich in den Deckel schieben läßt, denn später soll ja die Burg auch richtig verschlossen werden.

6 In den hinteren Burgteil werden nun, wie bei einem Setzkasten, Schachteln eingepaßt, die sich nahtlos gegenseitig stützen und festhalten. Wenn die Wand lückenlos

»beschachtelt« ist, alle Schachteln etwas festkleben, damit nichts umkippt, wenn die schweren Schätze erst einmal dort lagern. Nach Belieben alles bemalen.

7 Nun die Burg zuklappen, runde Stellen übereinanderschieben und oben je ein Loch ins Dach stanzen und lange, bunte Schnürriemen durchziehen. Jetzt kann man die Burg verschließen, und wer möchte, klebt noch ein Schild daneben: Öffnen verboten!

Kinder brauchen Schätze

Schätze sind ein sehr wichtiger Aspekt im Kinderleben. Alles ist noch neu, interessant und begehrenswert. Für einen Erwachsenen nutzlose Gegenstände bergen die geheimnisvollsten Geschichten von Zwergen und Feen. Ein Zauber geht von ihnen aus, der den Alltag verwandelt. Das wird zunächst einmal gesammelt und gehortet, oft gegen den Willen der Eltern, oft auch belächelt. Und manchmal noch schlimmer: Eltern werfen diese Schätze einfach weg.

Aber wie soll ein Kind dann lernen, Dinge zu vergleichen, zu unterscheiden, sie einzuordnen, in Gattungen zu sortieren und sich eine eigene Meinung von Nützlichem oder Unnützem, von Schönem und Bizarrem und darüber zu bilden, was man mit den Dingen tun kann? Manchmal trennen sich Kinder auch von solchen Dingen, die sie zwar eine Weile gehütet haben, über die sie aber hinausgewachsen sind. Das alles müssen sie selbst gestalten, erkennen und bestimmen.

Helfen Sie Ihrem Kind, die Schätze so unterzubringen, daß kein Chaos entsteht, etwa durch bereitgestellte Kisten, Kästen und Dosen. Oder basteln Sie mit ihm zusammen eine Schatzburg.

Kinder sind nicht lange Sammler, aber solange sie es sind, verdienen sie jede Unterstützung.

MATERIALIEN

Schuhkarton oder andere große, feste Schachtel

Viele kleine Schachteln

Papier in allen Farben

Schaschlikstäbchen

WERKZEUGE

Schere

Locher

Klebstoff

Wasserfarben

Pinsel

Für Erwachsene und andere Unbefugte heißt es hier: »Hände weg!« Alles, an dem das Herz hängt, das mit Erinnerungen verbunden ist, das man wegen seiner Schönheit gerne besitzt, das eine zauberhafte Ausstrahlung hat, all das findet hier seinem Wert entsprechend Platz.

Wollfiffi

Dieser lustige Wandschmuck sieht auch an Fenster und Türen toll aus. Er läßt sich aus billigen Materialien, vor allem aus Wollresten, mit einigem Geschick auch von kleinen Kindern herstellen.

Und so wird's gemacht

MATERIALIEN

Dünner Ast oder Holzstange, etwa 40 cm lang

Viele bunte Wollreste

Eine Holzkugel (Durchmesser 4 cm) mit Loch

Bunte Watte

Filzstifte

Etwas Zwirn

WERKZEUGE

Dicke Häkelnadel

Klebstoff

Schere

● Zunächst wird eine etwa 60 Zentimeter lange Schnur aus Luftmaschen gehäkelt.

● Etwa 20 Zentimeter von jedem Ende entfernt wird jeweils ein Knoten in die Luftmaschenschnur gemacht. Auf den einen Knoten kommt später die Holzkugel, der andere zeigt das Schwanzende des Wollfiffis an.

● Mit den Filzschreibern wird auf die Holzkugel ein lustiges Gesicht gemalt.

● Etwas bunte Watte herauszupfen und als Haare auf die Holzkugel kleben.

● Nun wird die Holzkugel auf die Luftmaschenschnur gefädelt und an dem Knoten befestigt.

● Die Schnur mit dem Holzkopf an den beiden äußeren Enden des Zweiges befestigen.

● Aus möglichst vielen verschiedenfarbigen Wollresten werden etwa 30 Luftmaschenschnüre gehäkelt. Jede sollte etwa 40 Zentimeter lang sein.

● Die Luftmaschenschnüre werden bunt durcheinander zwischen Holzkopf und Schwanzknoten mit einem einfachen Knoten befestigt.
Die Schnurenden sollten rechts und links neben dem Knoten gleich lang sein.

● Mit dem Zwirn wird der Wollfiffi aufgehängt.

Kinder, die noch keine Luftmaschen häkeln können, kordeln oder knüpfen die Wollfäden. Wichtig ist nur, daß der Wollfiffi möglichst bunt wird.

Ein lustiger Geselle, der – am Fenster aufgehängt – einen trüben Wintertag hinter den Scheiben schnell vergessen macht.

Ballonflitzer

Man sieht sie nicht, und man spürt sie nicht und ist dennoch beständig von ihr umgeben. Die Rede ist von der Luft. Wieviel Kraft dieses Element hat, wenn es in Bewegung kommt, zeigt nicht nur die Tür, die mit lautem Knall zufliegt, wenn sie in einen Luftzug gerät, sondern auch der Ballonflitzer. Dieser Luftkissengleiter kann nicht nur auf dem Tisch gleiten, sondern sogar kopfüber unter dem Tisch flitzen. Wichtig ist nur, daß das Loch in der Mitte des tellerförmigen Gleiters ausreichend groß ist.

Und so wird's gemacht

MATERIALIEN

Sperrholzbrettchen (7 x 7 cm,

3 mm stark)

Plastikhülse von einem

Filzschreiber o. ä.

Luftballon

WERKZEUGE

Kleber

Feinsäge

Schmirgelpapier

Bohrmaschine, Bohrer

(9 mm Durchmesser)

● Das Sperrholzbrettchen wird mit dem Schmirgelpapier glattgeschliffen. Je glatter die Unterseite des Brettchens ist, desto besser wird der Ballonflitzer später gleiten.
● Mit dem Bohrer wird in der Mitte des Brettchens ein acht bis neun Millimeter großes Loch gebohrt. Danach wird mit dem Senkbohrer die Öffnung leicht abgeschrägt.
● Die Bohröffnung wieder fein abschleifen.
● Nun wird von der Plastikhülse des Filzschreibers die obere Spitze abgeschnitten (erste Abbildung).
● Zum Schluß wird die Hülse über die Öffnung geklebt. Wer will, kann den Ballonflitzer noch mit Filzstiften anmalen.

So braust er los!

● Der Luftballon wird aufgeblasen und über die Plastikhülse gestülpt.
● Dann wird der Ballonflitzer auf eine glatte Fläche gesetzt und losgelassen. Die ausströmende Luft treibt den Gleiter an.

Warum flitzt der Gleiter?

Die Luft bewegt sich zwischen Gleiter und Tisch mit großer Geschwindigkeit radial nach außen. Auf diese Weise entsteht gegenüber der Oberseite des Gleiters ein Unterdruck.

Wie stark Luft ist, kann mit diesem Versuch ausprobiert werden: Zwei Eierbecher werden Rand an Rand nebeneinandergestellt, und in einen wird ein gekochtes Ei gegeben. Bläst man nun kräftig in den Zwischenraum zwischen Ei und Eierbecher, erhöht sich der Luftdruck, wodurch das Ei gelupft wird und in den leeren Becher hüpft.

Mit dieser Kraft kann die Luft auch Unheil anrichten. So ist z. B. ein Tornado, der alles auf der Erde wegfegt, nichts anderes als eine schmale Säule aufsteigender Warmluft.

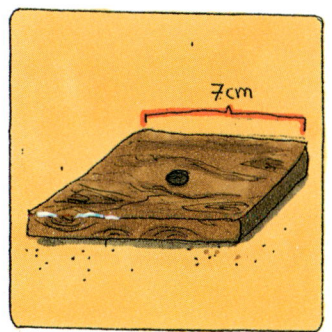

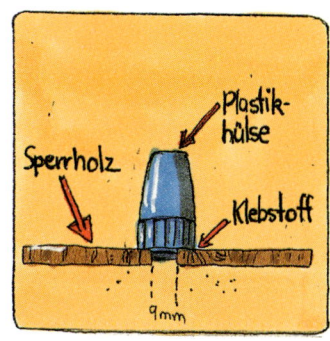

Hui – schon geht's dahin. Wer weiß, vielleicht flitzt ja ein roter Ballon noch schneller. Ausprobieren!

Der Tanz der Tiermasken auf dem Faschingsball für Kinder.

Die Jahreszeit erleben

Kinderfasching

Feste soll man feiern, wie sie fallen. Für Kinder ist es immer eine große Sache, in fremde Rollen zu schlüpfen und für ein paar Stunden mal jemand ganz anderer zu sein. Beim Tierfest kann jeder zeigen, was er besonders gut kann. Höhepunkt des Festes ist eine kleine Zirkusvorstellung.

Das Zimmer schmücken

● Die Krepprollen werden mit Reißzwecken an der Wand befestigt und kreuz und quer durch das Zimmer gespannt.
● Die Luftballons aufblasen und an der Decke und den Wänden feststecken. Wer will, kann sie mit Luftschlangen dekorieren. So entsteht ein kunterbuntes Zimmer.
● Aus dem Papierbogen wird das Bühnenbild für die Tiermanege. Mit den kleinen Pinseln können die Umrisse gezeichnet werden, während sich die großen für die Ausmalarbeiten eignen. Als Motiv eignet sich z. B. ein lustiger Clown. Das Plakat einfach an die Wand hängen.
● Vor dem Plakat wird die Decke ausgebreitet. Sie ist unsere Manege, in der die Aufführungen stattfinden können.
● Aus den zwei Leintüchern oder Decken läßt sich schnell ein Zirkusvorhang herstellen. Dazu wird die Schnur einmal quer durch das Zimmer gespannt, so daß davor noch genügend Platz für die Artisten ist. Am besten läßt sich die Schnur an stabilen Regalen, an Fenstergriffen oder der Tür befestigen. Sie sollte jedoch nicht zu niedrig gespannt sein. Die beiden Tücher werden nebeneinander über die Schnur gelegt und an den Enden mit Wäscheklammern festgesteckt. Der Vorhang teilt sich nun in der Mitte und bildet den Eingang zur Manege.

Lustige Tiermasken aus Abfall

Damit der Zirkus auch mit richtigen Tiernummern auf-
warten kann, müssen sich die Kinder auch dementspre-
chend verkleiden können. Durch die lustigen Tiermasken
werden auch die kleinsten Kunststückchen zu echten
Zirkusattraktionen. Das muß keineswegs aufwendig und
teuer sein. Aus Abfallresten und etwas Farbe werden die
Tiermasken gemacht, und wer noch aussortierte Klei-
dungsstücke hat, kann daraus mit ein bißchen Zubehör
phantasievolle Kostüme basteln.
Hier sind ein paar Anregungen für die Tiermasken. Sie
lassen sich beliebig ergänzen und ausbauen.

*Trotz der großen Zähne ist es ein
freundliches Krokodil.*

Krokodil

● Die beiden Eierkartonhälften teilweise voneinander
trennen. Die untere Hälfte wird mit den Händen leicht
nach oben gebogen. Die beiden Hälften bilden die
Schnauze des Krokodils.
● Mit dem Klebstoff werden die beiden Hälften hinten an
einer Schmalseite fest zusammengeklebt.
● Aus dem anderen Eierkarton werden zwei Eierbecher
ausgeschnitten. Der Boden der Eierbecher wird herausgeschnitten.
Dann werden die Formen als Krokodilsaugen aufgeklebt.
● Damit die Maske an das Gesicht paßt, wird hinten eine
kleine Mulde für die Nase eingeschnitten.
● Jetzt wird das Krokodil bemalt. Besonders gefährlich
sieht das Krokodil aus, wenn die Schnauze innen rot angemalt wird! Die spitzen Höcker an der Seite des Eierkartons werden weiß angemalt. Sie sind die Zähne.
● Zum Schluß wird an den beiden Rändern der Maske je
ein Loch gebohrt und der Hutgummi daran befestigt.
● Andere Masken werden mit Papprollen als Nasen und
bemalten Papiertüten als Gesichter gebastelt.

MATERIALIEN

2 Eierkartons (für je 10 Eier)

Stück weißer Karton

Gummischnur

Dispersionsfarben

WERKZEUGE

Pinsel

Schere

Klebstoff

Blaubär

- Den Papierteller vor das Kindergesicht halten und die Augen mit Bleistift einzeichnen. Die Augen ausschneiden.
- Den Joghurtbecher an seiner Bodenseite längs einschneiden, so daß eine Schnauze entsteht (erste Abbildung).
- Aus dem roten Karton eine Zunge ausschneiden und in die eingeschnittene Becheröffnung kleben.
- Den Joghurtbecher auf den Pappteller aufkleben.
- Aus dem blauen Karton Bärenohren ausschneiden und aufkleben.
- Unterhalb der Augen werden mit der Schere feine Löcher gebohrt. Durch sie wird der Hutgummi gezogen.
- Zum Schluß wird der Blaubär bemalt.

MATERIALIEN
Papierteller
Joghurtbecher
Roter und blauer Karton
Hutgummi
Dispersionsfarben

Storch

● Aus dem rechteckigen Stück Karton einen langen, spitzen Schnabel formen und zusammenkleben.

● Mit dem Filzstift wird rechts und links von der Schnabelspitze aus zum Schnabelrand hin je ein Strich gezogen. Er trennt die beiden Schnabelspitzen voneinander.

● Aus dem Eierkarton werden zwei Eierbecher ausgeschnitten. Der Boden der Becher wird herausgeschnitten, so daß zwei Löcher entstehen, die Augen des Vogels.

● Die Augen bemalen und auf den Schnabel kleben.

● In die Ränder des Schnabels rechts und links zwei kleine Löcher bohren und den Hutgummi daran befestigen.

MATERIALIEN
Eierkarton
Roter Karton (40 x 60 cm)
Hutgummi
Dispersionsfarben

Auch Bären und Störche bekommen irgendwann Hunger.

Leckeres zum Tierfest

Und das ist das festliche Menü:

SPRITZKÜCHLEIN

*

APFELKÜCHLEIN

*

VOGELQUICHE

*

POPCORN ZUR TIERFÜTTERUNG

Spritzküchlein

Zubereitung

ZUTATEN

(für etwa 25 Stück)

25 g Butter

1/8 l Milch

1 Prise Salz

1 Prise Zucker

75 g Mehl

2 Eier

1/2 TL Backpulver

50 g Rosinen

Fett zum Fritieren

Etwas Puderzucker zum Bestäuben

- Die Milch, die Butter, Zucker und Salz aufkochen.
- Das Mehl auf einmal zugeben und mit einem flachen Holzlöffel glattrühren, bis sich der Brandteig von der Topfwand löst. Den Topf vom Herd nehmen und ein Ei unterrühren.
- Jetzt wird der Teig in eine Schüssel umgefüllt und stehengelassen, bis er auf Zimmertemperatur abgekühlt ist.
- Nun das andere Ei, Backpulver und die Rosinen unterrühren und den Teig in einen Spritzbeutel mit großer Lochtülle füllen.
- Auf einen Streifen Pergamentpapier werden immer wieder walnußgroße Häufchen gespritzt und in heißem Fett ausgebacken, bis sie goldbraun sind.
- Zum Schluß die Spritzküchlein mit etwas Puderzucker bestäuben.

Guten Appetit!

Apfelküchlein

Zubereitung

● Das Mehl mit der Milch verrühren, bis der Teig schön glatt ist. Dann zwei Eier, Vanillezucker und eine Prise Salz hinzufügen und nochmals kurz rühren.
● Die Äpfel waschen, das Kerngehäuse entfernen und die Äpfel in dickere Scheiben schneiden.
● Das Fett in der Pfanne erhitzen.
● Die Apfelringe durch den Teig ziehen und in das heiße Fett legen. Von beiden Seiten goldbraun backen.
● Die Apfelküchlein auf einem Küchenpapier abtropfen lassen und mit Zimt und Zucker bestreuen.

ZUTATEN

6 große, säuerliche Äpfel

100 g Mehl

1/4 l Milch

2 Eier

1 Prise Salz

1 Päckchen Vanillezucker

Fett zum Ausbacken

3–4 EL Zucker

1 TL Zimt

Vogelquiche

Zubereitung

● Eine runde Kuchenform wird mit Butter ausgestrichen und dann mit dem Blätterteig belegt. Mehrmals mit der Gabel einstechen.
● Den Schinken in kleine Stücke schneiden und auf dem Teig gleichmäßig verteilen.
● In einer großen Schüssel werden die Milch, die Eier sowie Salz und Pfeffer verrührt und auf den Teig gegeben.
● Den Eierkuchen bei 220 °C etwa 30 Minuten backen.
● Nach dem Backen wird der Kuchen verziert. Dazu wird das Ei der Länge nach in Scheiben geschnitten. Zwei etwa gleich große Scheiben werden die Augen des Vogels. Die Pupillen sind zwei schwarze Oliven.
● Aus dem Toastbrot wird ein schmales Dreieck herausgeschnitten und mit Tomatenmark bestrichen. Das ist der Schnabel.
● Die grüne Paprika wird in feine Streifen geschnitten. Die Streifen bilden den Kamm des Vogels.

ZUTATEN

Blätterteig (tiefgefroren)

3 Eier

1/4 l Milch

3 Scheiben Schinken

1 hartgekochtes Ei

Schwarze Oliven

1 grüne Paprika

1 Scheibe Toastbrot

Tomatenmark

1 Prise Salz und 1 Prise Pfeffer

Popcorn

Zubereitung

ZUTATEN

1 Tasse Maiskörner

1 TL Öl

150 g Butter

1 gehäufter TL Salz

● In einer Pfanne wird ein Drittel der Butter zusammen mit dem Öl erhitzt.

● Wenn das Fett so heiß ist, daß ein hineingeworfenes Probekorn sofort aufspringt, werden die restlichen Körner zugegeben.
Die Pfanne sofort mit einem Deckel abdecken.

● Nachdem alle Körner aufgesprungen sind, wird die Pfanne vom Herd genommen.

● In einem Extrapfännchen wird die restliche Butter mit dem Salz erhitzt. Vorsicht, die Butter darf nicht zu heiß werden!

● Dann über das Popcorn tröpfeln, umwenden und sofort servieren.
Kleinere Kinder sollten die Zubereitung aber nie ohne Aufsicht übernehmen. Es besteht Verbrennungsgefahr durch das heiße Fett.

Lustige Tierspiele

Tierakrobatik

Der Zirkusdirektor wird mit schwarzem Faschingszylinder, einer weißen Fliege und weißen Handschuhen ausstaffiert. So kann er mit respektabler Erscheinung die Leitung des Programmablaufs übernehmen.

Für einen lustigen Tierzirkus braucht man zunächst einen Zirkusdirektor. Eines der Kinder übernimmt die Rolle des Ansagers.
Es sagt z. B.: »Hochverehrtes Publikum, Sie sehen heute bei uns im Zirkus ›Halligalli‹ die einmalige und weltberühmte Tierakrobatik. Als erstes präsentieren wir Ihnen den tanzenden Bären!«
Die anderen Kinder sind die Tierakrobaten.
Zunächst müssen sie sich aufwärmen, um für ihre Vorführungen bereit zu sein. Am besten schaltet man für ein paar Minuten Musik ein. Der Vortänzer macht vor, was die anderen nachmachen sollen:

- Einzelne Körperteile wie Arme, Beine, Rumpf schütteln
- Die Arme so hoch strecken, wie es nur geht
- Auf einer Stelle hüpfen
- In der Hocke durch den Raum gehen
- Wie ein Frosch hüpfen
- Sich auf dem Bauch wie eine Schlange durch den Raum schlängeln
- Mal eine Weile auf dem rechten, dann auf dem linken Bein hüpfen.

Die Vorführung

Hier kommt es nicht so sehr darauf an, daß tolle Kunststücke vorgeführt werden, sondern daß jedes Kind einfach in die Rolle seines »Tieres« schlüpft.

Ob dieser Löwe die Dressur mitmacht, ist fraglich. Er scheint eher Schabernack im Sinn zu haben.

- So kann der Blaubär z. B. auf allen vieren in die Manege kommen. Dann richtet er sich auf seinen Hinterfüßen auf und fängt einen ihm zugeworfenen Ball auf. Anschließend beginnt er sich nach der passenden Musik wie ein folgsamer Tanzbär zu bewegen.
- Fledermaus und Eule können gemeinsam auftreten und ihre Flugkünste vorführen. Dabei können sie von einem Stuhl hüpfen und ihre Arme ausbreiten oder einfach in vielen Bögen durch die Manege rennen.
- Besonders spannend ist die Löwendressur, wenn der Löwe durch einen Hula-Hoop-Reifen einen Purzelbaum macht.
- Das Krokodil zeigt, wie wendig es ist, indem es über ein auf dem Boden liegendes Seil balanciert.
- Der Storch zaubert Luftballons an die Zimmerdecke. Das geht so: Ein aufgeblasener Luftballon wird eine Zeitlang an einem Pulli gerieben. Dadurch lädt sich der Luftballon elektrostatisch auf. Wenn man ihn jetzt an die Zimmerdecke hält, so bleibt er dort für eine Weile »kleben«.

Wir spielen und machen Musik

Schattentheater

Als Bühne wird ein Türrahmen mit Hilfe von Heftzwecken mit einem weißen Bettlaken verhängt. Hinter dieser »Filmleinwand« wird eine Stehlampe gestellt, die das Bettlaken anstrahlt. Auf der anderen Seite sitzen die Zuschauer. Hinter dem Bettlaken beginnt die Vorstellung. Jeweils ein Darsteller steht oder sitzt zwischen Stehlampe und Bettlaken, macht Faxen oder stellt etwas dar, was die Zuschauer, die natürlich im Dunkeln sitzen, erraten müssen. Es kann auch ein Kind nach dem anderen den Zuschauerraum verlassen, sich mit Mütze, Schal oder Brille verkleiden und die anderen raten lassen, wer sich da als Schatten darstellt. Viel Spaß macht es auch, wenn der »Schatten« eine Kiste auspackt, einen Gegenstand nach dem anderen hochholt und die Zuschauer raten läßt, um was es sich handelt.

Schattenbilder

Schattenbilder waren einmal sehr modern, allerdings gab es da noch keine Fotoapparate. Und so macht man ein Schattenbild.

An die Wand wird ein großes weißes Blatt geheftet, am besten aus dem Zeichenblock. Davor sitzt die Person, die gezeichnet werden soll.

Nun wird das Blatt mit einer Lampe so angestrahlt, daß die Person als Schattenriß im Profil gut zu sehen ist. Mit einem dicken Filzer ganz exakt die Umrisse nachzeichnen und später ausmalen. Echte Schattenrißzeichnungen sind schwarzweiß, aber bunt sehen sie auch hübsch aus.

Wassermusik

Es gibt Künstler, die veranstalten ganze Konzerte nur mit Gläsern, die sie mit Wasser in unterschiedlicher Höhe gefüllt haben.

Das versuchen wir jetzt auch. Zunächst braucht man Trinkgläser, die auch ohne Wasser gut klingen, wenn man sachte mit einem Teelöffel daran schlägt.

Hat man acht Gläser dieser Art gefunden, werden sie nach und nach so mit Wasser gefüllt, daß ganz unterschiedliche Töne von hoch bis tief entstehen. Wir probieren so lange, bis die Töne der acht Gläser eine Tonleiter ergeben, mit der die Ohren zufrieden sind. Die hohen Töne, also die Gläser mit wenig Wasser, stellen wir rechts von uns auf, ganz links steht dann das Glas mit dem tiefsten Ton und dem meisten Wasser. Jetzt kann's losgehen. Mit dem Teelöffel Lieder mit einfachen Tonfolgen anschlagen oder selber Melodien erfinden. Ein zweites Kind darf mitspielen, sozusagen als Begleitung. Es wechselt zwischen zwei oder drei Tönen hin und her. Wenn zwei Kinder aufeinander eingespielt sind, werden sie vom Fleck weg als Hintergrundmusiker für das Schattentheater engagiert.

Kammblasen

Ein engzahniger Kamm wird mit Butterbrotpapier umwickelt. Man drückt die Lippen dagegen und summt eine schöne, laute Melodie. Wenn man dann noch kleine Steine in eine Plastikflasche füllt und rhythmisch rasselt, ist das Orchester perfekt.

Knopf im Topf

Zu diesem Spiel braucht man für jedes Kind einen Joghurtbecher und mindestens 25 Knöpfe oder gleich große Steinchen, Kirschkerne oder Bohnen. Die Knöpfe werden in den Becher gefüllt. Ohne daß jemand mitzählen kann, nimmt das erste Kind ein paar Knöpfe in seine geschlossene Hand und fragt das zweite Kind: »Hab' ich einen Knopf im Topf?« Das Kind sagt ja und nennt eine Zahl. Stimmt diese, bekommt es die Knöpfe.

Liegt die Zahl darunter, muß es so viele Knöpfe an das Kind geben, wie es in seiner Schätzung darunterlag. Hat es höher geschätzt, muß es ebenfalls Ausgleich zahlen. Man kann aber auch mit völlig leerer Hand fragen: »Hab' ich einen Knopf im Topf?« Rät ein Kind richtig, erhält es von allen anderen je einen Knopf.

Das Spiel ist aus, wenn ein Kind in seinem Joghurtbecher keinen einzigen Knopf mehr hat.

Knopfschießen

Auf den blanken Tisch wird mit Kreide ein Dreieck gezeichnet. Es sollte mindestens 20 Zentimeter breit und auch so lang sein. Das Dreieck mit zwei Strichen in drei Gefächer teilen. Das größte Gefach noch mal in drei Gefächer einteilen, das zweitgrößte in zwei. In das oberste Dreieck »25« schreiben, in die zwei Gefächer »20« und »15«, in die drei unteren Gefächer »5«, »10«, »5«. Auf dem Tisch, weit weg vom Dreieck, einen Strich zeichnen. Von hier aus darf geschossen werden. Jedes Kind wählt sich aus einem Knopfangebot hinter dem Strich den Knopf, mit dem es das Dreieck am besten erreichen zu können glaubt. Alle erreichten Punkte werden aufgeschrieben. Wer hat die meisten Punkte?

Auf dieses Dreieck wird mit den Knöpfen geschossen.

Knöpfewürfeln

Alle Knöpfe auf einen Berg legen. Jedes Kind bekommt zwei Würfel und darf sich immer so viele Knöpfe nehmen, wie es gewürfelt hat.

Außer bei:

- Drei Augen – doppelte Menge nehmen
- Sieben Augen – diesmal gibt es nichts
- Zwölf Augen – zusätzlich gibt es noch

von jedem Mitspieler einen Knopf. Dieses Spiel ist eine Fundgrube für Erfinder von Regeln.

Viel Spaß!

Sammeln, sortieren, aufbewahren
Bären über Bären

Ein selbstgebastelter Setzkasten ist natürlich noch schöner. Vor allem kann man die Fächer verschieden groß machen, so daß auch mal ein größerer Teddy Platz findet. Am einfachsten klebt man ganz viele vorne offene Schachteln auf einen stabilen Karton. Von allen Seiten mit Holzspateln verstärken. Beim Aufhängen den Setzkasten vom Sockel her stützen, indem man ein Band rund ums Regal legt und es an den Enden aufhängt.

Sobald wieder einmal ein Wunschzettel fällig ist, »Setzkasten« ganz groß draufschreiben! Es muß kein Riesensetzkasten sein. Der auf dem Bild ist einer der kleinsten: Er mißt ganze 20 mal 30 Zentimeter bis hinauf zur Dachspitze. Und dann wird gesammelt. Es macht großen Spaß, nur ein Motiv zu sammeln. Und kaum hat man sich für ein Motiv entschieden, da stößt man auch schon mit der Nase beständig darauf. Man wird beinahe magisch angezogen von dem Motiv, findet es plötzlich überall. Wer kleine Bären sammelt, sollte zunächst einmal in der eigenen Spielkiste stöbern. Was jetzt noch im Setzkasten fehlt, wird mit Geduld gesammelt. Übrigens, wenn jemand mal wieder fragt, was er mitbringen soll ... Ein Bärchen, aber klein muß es sein!

Tauschen macht Spaß

Viel Spaß macht es auch, mit anderen Kindern zu tauschen. Wer Eulen, Enten oder Dinos sammelt, ist sicherlich bereit, ein Bärchen gegen sein Lieblingsmotiv zu tauschen.

Als die Menschen das Geld noch nicht kannten, war Tauschen an der Tagesordnung: Mehl gegen Salz, Wolle gegen Fleisch, Eier gegen Rüben.

Und was spricht heute dagegen, ein Bärchen gegen einen Uhu oder eine Echse einzutauschen? Ich meine, nichts. Kaufen kann jeder. Aber das ist eine viel zu einfache Sache. Und Tauschen macht auch viel, viel mehr Spaß. Vor allem deshalb, weil man dabei auf immer neue Sammelideen kommt.

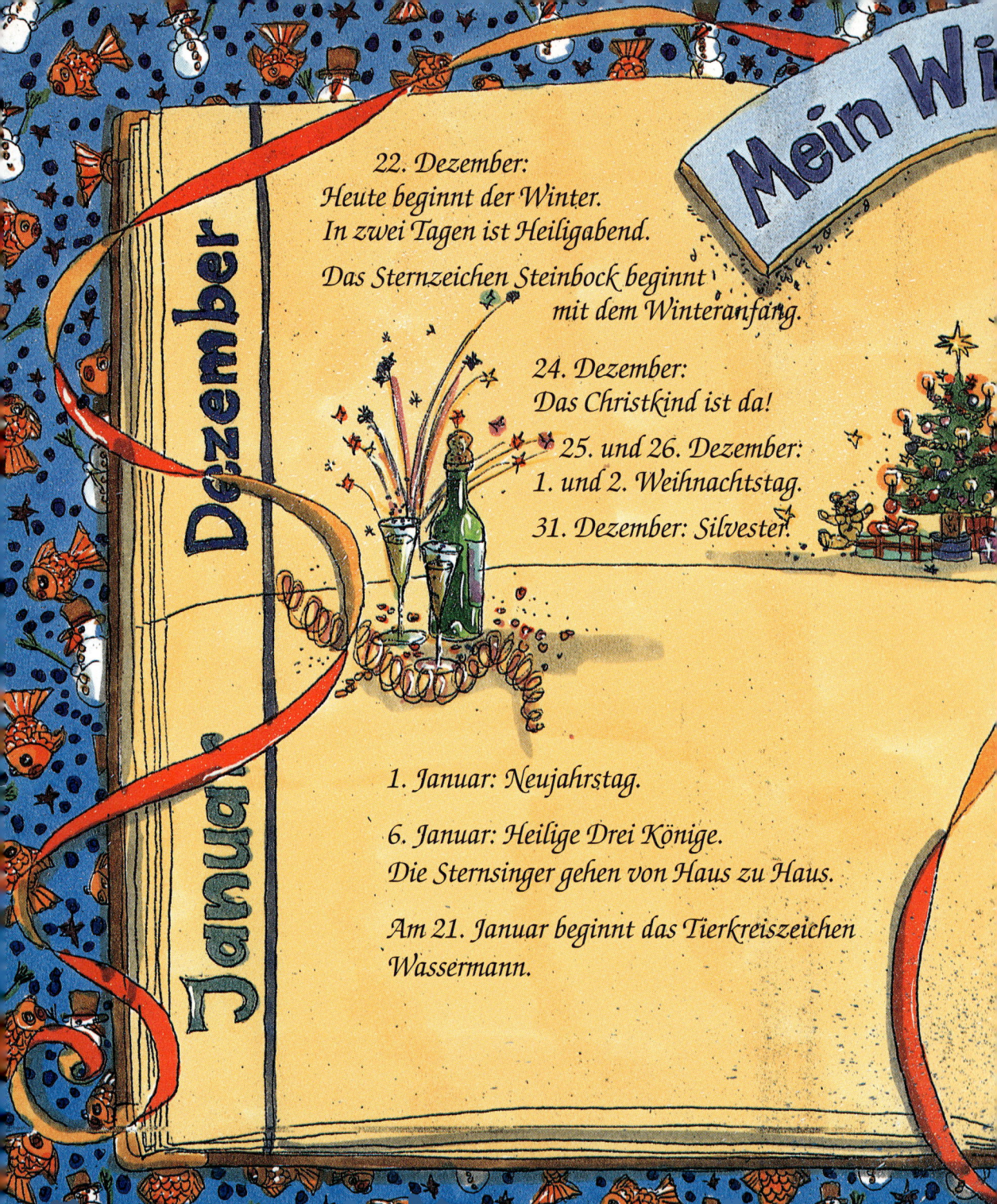

Dezember

Januar

22. Dezember:
Heute beginnt der Winter.
In zwei Tagen ist Heiligabend.

Das Sternzeichen Steinbock beginnt
mit dem Winteranfang.

24. Dezember:
Das Christkind ist da!

25. und 26. Dezember:
1. und 2. Weihnachtstag.

31. Dezember: Silvester!

1. Januar: Neujahrstag.

6. Januar: Heilige Drei Könige.
Die Sternsinger gehen von Haus zu Haus.

Am 21. Januar beginnt das Tierkreiszeichen
Wassermann.